Kang In-Han

시인 강인한

「겨울비, 하염없이」의 육필 초고

튤립이 보내온 것들

강인한 시집
튤립이 보내온 것들

시학
Poetics

■ 시인의 말

50년이 되었다.
열 번째 시집이다.

어떤 상황에 처한다 해도
시에 대한 내 신념은 부러지지 않을 것이다.

"시는 언어의 보석이다.
 그 속에서 빛나는 것은 시인의 영혼이다."

2017년 정월, 강인한

차 례

- 시인의 말　7
- 해설 | 기록하는 기억으로서의 서정 / 유성호　131

제1부 치사량의 황홀

반려인간 • 15
스벵갈리 앞에 선 여인 • 16
걸어서 모닝콜 • 19
타자기를 연주하는 남자 • 21
튤립이 보내온 것들 • 23
동충하초冬蟲夏草의 꿈 • 25
창조적인 서커스 1 • 27
아무도 대답하지 않았다 • 28
구름의 산수 • 29
엉거주춤 • 31
파로마 그릴 찾아가는 길 • 33
풍경의 발작 • 35
맥貘 • 37
창조적인 서커스 2 • 39
젊은 베르테르를 위하여 • 40

제2부 스케치북을 찢고

손금에 갇힌 새 • 45

태어나지 않은 이름은 슬프다 • 46

기우는 바람 • 49

중력가속도에 들어있는 에너지 • 50

폭탄을 두른 리본 • 52

왼손에 대한 데생 • 54

장미가 부르는 편서풍 • 56

벽에 걸린 바다 • 58

저글링 • 60

복원 • 62

겨울비, 하염없이 • 64

개들을 위한 저글링 • 65

Y의 비극 • 67

테셀레이션 • 69

녹슨 지뢰와 가물치 • 71

제3부 물방울 카네이션

새의 탄생 • 75
아이즈 와이드 셧 • 76
왕의 눈물 • 78
붉은 사막을 건너는 달 • 80
소행성 F32에서 온 여자 • 82
가라앉은 성당 • 83
붉은 벽돌 • 85
영원한 기념 • 86
분노는 파도처럼 • 88
홍어회를 못 먹는 것은 • 90
리아스식 해안의 검은 겨울 • 92
지우다 • 95
검은 땅, 흰 물 • 97
촛불의 용도 • 99
맨발의 아버지 • 101

제4부 가시 많은 몸

갚아야 할 꿈 • 105
그늘의 조건 • 106
우체통 안에서는 무슨 소리가 들리나 • 108
반인반신을 기리는 노예들의 합창 • 110
푸른 잔디밭에 파란 텐트 • 112
댄서들 • 114
옥상에 빵 한 덩이 • 116
구리참새 • 117
광화문에서 프리허그를 • 119
그림에서 빠져나온 마하 • 121
인공위성이 빛나는 밤 • 123
황금총을 가진 사나이 • 125
청계천의 민간어원적 의미 • 126
익명의 귀 • 128
검은 버찌의 시간 • 129

제1부
치사량의 황홀

반려인간

한강공원 쪽으로 난 굴다리 앞에서였다.

내 앞에 유모차를 끌고 가는 걸음이 느린 여자가 보였다.
저만큼 이쪽으로 유모차를 끌고 오는 중년 여자도 있었다.
좁은 길에서 유모차 두 대가 잠시 멈추더니
반갑게 인사를 나누고
서로 다른 길로 비켜갔다.

내 앞으로 지나가는 유모차엔 고양이 한 마리
빤히 나를 올려다보았다.
걸음 느린 유모차를 앞질러 보니 강아지가 한 마리
그 속에 앉아 있고.

— 고관절이 안 좋아서 유모차를 끌게 한 거라고
— 당뇨가 심해서 새벽 운동을 시키는 거라고
전생에 사람이었던
고양이와 강아지의 대화를 아까 들은 것 같았다.

스벵갈리 앞에 선 여인

겹겹 두려움을 껴입은 어둠 속에서 너는 무엇을 보느냐.
거부할 수 없는 나의 눈짓에 소스라쳐
휩쓸리는 파도 속 해파리처럼 너의 가녀린 어깨는 떨고 있다.

지난봄 어느 날
유원지를 빠져나간 샛길 끝 작은 승용차 안에서
비밀요원의 시신이 발견되었다.
처자식을 남겨둔 채 번개탄을 피우고
끝까지 비밀을 가져간 사내의 신의에 충분한 보상이 내려지리라.

만약 나에게도 그런 선택이 불가피하다면
나는 백합꽃 한가득 차에 싣고
그 속에서 한 오백 년 잠들어도 좋으리.
치사량의 황홀에 파묻혀.

죽은 네 어머니 목소릴 갖고 왔다. 들어볼래?
가여운 내 딸, 거울 앞에 서 보아라.
내 손이 가리키는 거울 속 수은의 길을 꿈꾸듯 걸어가 보아라.
한번 뒤돌아보면 재가 되는 세상이 나올 것이다.
내가 꺼내줄 때까지

내 귓속에서 꾸물꾸물 기어 나오는 검은 구더기들
목구멍을 열고 불쑥불쑥 튀어나오는 개구리들.
개구리 한 마리가 어깨에 올라 문득 슬픈 목소리로 말한다.
흔들리며 피어오르는 붉은 연기 속 이 개구리가 네 어머니인 것을.

지금 내가 갇힌 사각의 벽엔 거울이 없지만
내 마음 속 굽이도는 나선의 층계를 내려가면
정면에 면경이 걸렸고, 거기 젊은 아버지의 얼굴이 들

어있다.
　장터에서 유리전구를 와삭바삭 깨물어 먹던 아버지
　우리 아버지의 거역할 수 없는 목소리를, 여자여 너는 들을 것이다.

　일곱 번 몸을 바꾼 스벵갈리의 목소리.
　이리 오라, 백합 같은 처녀여 백치의 내 사랑이여.
　간절함만을 안은 채 무서워 말고 내게로 오라.

　연가시 유충이 귀뚜라미 머릿속에 들어앉아
　그리운 물 냄새를 찾아가는 것처럼.
　죽음 앞둔 코끼리가 머리 들어 킬리만자로의 달을 바라보는 것처럼.

걸어서 모닝콜

텐트의 가림막을 다 내렸다.
밤이 깊어가는데
하마들은 마라강에서 소리 지른다. 저 소릴 들으며
어떻게 잠을 이루나.

침대 속 따끈한 물통을 굴리다 이리저리
이리저리 새벽,
하마들이 또다시 끙끙거린다.
캄캄한 세 시 반.

강에서 하마들 누렇게 칭얼거리는 소리 돌돌 말아
당신이 내다보는 창밖 산딸나무 가장귀에 걸어주고 싶다,
는 우스운 생각을 궁글리다
풍덩 잠에 빠졌는데

내가 잠자는 천막 가까이 대고 굿모닝.

또 저편 우리 아이들 자는 천막에 대고 굿모닝.
페어몬트 마라 사파리클럽 직원이 직접 배달에 나선 듯
굿모닝 디스 이즈 모닝콜.

타자기를 연주하는 남자

지휘봉 하나에 칠십 개의 시선이
자장 안의 쇠붙이처럼 모여든다.

치켜든 지휘봉에 수은의 정적이 맺혀 반짝 빛나는
한순간, 봄의 기병대가 뛰쳐나가고
여름의 악장이 강물처럼 넘실넘실 흐르다
섭씨 삼십육 도와 사십일 간의
지글거리는 폭염을 끌고 프레스토로 이어져 갔다.

모든 악기들이 땀을 들이고
지휘봉을 든 여자 앞에 한 남자가 앉는다. 종이를 끼우고
천천히 타자기를 치는 남자.

— 토드락 탁 토드락탁탁 톡탁 타르륵
  탁탁 토르르르 탁 톡톡

배롱나무 태양처럼 붉은 꽃들, 하르르 지고

배롱나무 흰 꽃들, 붉은 꽃들 사이사이 흩어지는 소리.

타자를 다 마친 남자가 일어서서
종이를 꺼내 지휘자에게 두 손으로 바친다.
접힌 종이를 편다. 백지에 핑크 하트!

튤립이 보내온 것들

바람들이 차갑게 또는 서늘하게
길 위에서 서로 다른 체온을 비비며
색실처럼 넘나드는 아침 여섯 시의 공기.

길바닥에
지렁이들 나와 죽어있다.
어제는 얼마나 먼 길 찾아나서 땡볕에
말라 죽었느냐, 느린 걸음으로
울며 가는 달팽이들.

갈대숲 푸른 덤불을 감고
길 가는 미루나무 새 잎을 향해
강물처럼 넘실거리는 나팔꽃 넝쿨손.

강아지랑 고양이
식구들 유모차에 다 태우고
한강공원 산책 나선 할머니.

강변북로 아래 굴다리 지나
튤립 꽃은 가고 없네. 공원관리사무소 옆
돌돌거리는 유모차에 쫑긋쫑긋 귀를 버리고.

동충하초冬蟲夏草의 꿈

아슈라 백작, 그대
한 달 보름 동안 폭염에 충분히 적셨으니
이제 거두어야 하리. 미루나무는

발치에서부터 그림자를 끌어올린다. 물고기를
포획한 갈릴리의 그물을 끌어올리는 것처럼
저무는 핏빛 노을 속 자신의 그림자가
어떤 업적으로 기록될지 수피에 숨은 나이테가 두렵겠
는가.

이 나라 주민들 일용할 에너지 원源일 수밖에 없는
천 일의 분노, 하얗게 지워진
백만 데시벨의 고함소리,
오천만 개의 손가락질, 오천만 톤의 구토를 날마다
그는 보고, 내일을 위해 날마다 잊어버린다.

― 아침에 떨어진 꽃을

저녁에 줍는 자는 배고픈 거미인가, 배부른 사마귀인가.

일찍이 새벽 종소리 들으며 세계일주5개년계획을 소망하였거니
원하고, 간절히 기구하라.
그리하면 천국의 문이 열릴 것이며, 아버지 얼굴을
그대가 보게 될 것이며, 겨울에

죽은 벌레가 여름풀로 몸 바꾸기 위해
땅속에서 먹는 버섯의 꿈처럼
연옥 불에 몸을 담가 천국의 무지개에 내다 거는
이 산산한 마음을 보소서. 만인의

만인에 대한 저주의 밤을
어엿비 거두어 주소서, 아버지시여.
아버지의 뜻이 하늘에서와 같이
연옥에서도 똑같이 이루어질 것이므로
두 손 모아 아슈라 백작은 간절히 기도하고 또 기도한다.

창조적인 서커스 1

북에서 장거리 미사일을 쏘아올리고
그게 대기권을 뚫고 높이높이 올랐다가 지구 궤도를
따라 돌다가 어느 순간
미사일은 빙그레 미소 지으며 체위를 바꾼다.

음속보다 빠른 속도로 남으로 방향 바꿔
내리꽂히는 것, 벼락같은 기습,
그걸 대처하기 위해선
아래에서 캡틴의 방패처럼 사드로 막아내야 한다고
텔레비전에 나온 국방장관이 말한다.

그런데 왜 저게 코미디로 들리는지 몰라.
북에서 미사일을 쏘면, 그래그래
우리는 카키색 견고한 정글모자에 프로펠러를 달고
가자 날아가자, 네버랜드로.

아무도 대답하지 않았다

무서웠다. 소년은 변소에 혼자 가는 밤보다
이를 뽑는 일이.
실에 묶인 잠자리처럼
흔들리는 이에 기다란 실을 묶고 소년은 한없이 달아
났다.

어디로 달려갔는지
알 수 없다. 소년의 추억은 문득
거기서 벼랑에 선다.

눈 딱 감고 뛰어내린 허공
얼굴에 닿는 바람,
호솝고 호수운 무중력의 공중이었다.

내 이는 모두 서른 개
두 개가 모자라는 억울함을 어디에 항의해야 하는가.
보철을 해준 치과의사는 대답을 주지 않고
오래전 간이 나빠 죽어버렸다.

구름의 산수

한 뙈기 감나무 발치에 텃밭을 일궈
아욱 상추 고추 가지랑 강낭콩 들깨 시금치가 자랐다.

어머니는 푼돈을 주고 그걸 사서
내게 사철 국을 끓여주고 반찬을 해주고.

봄부터 안개를 헤집으며 생쥐는
마루 밑과 굴뚝 사이로 감꽃을 목에 걸고 다녔다.

셋방 젊은 총각이 행여 영그는 홍시 감을 따먹지 않을까
주인 노파는 일삼아 감을 세어 두었다.

초가지붕보다 높은 잔가지 끝에도
발갛게 감이 가물가물 열렸는데

노파는 손가락으로 하늘을 쑤셔대며
감 하나 나 하나, 감 둘 나 둘,

세고 또 세다가 눈이 시어서 다시 처음부터
감 하나 나 둘, 감 셋 나 넷.

엉거주춤

두 대로 다가간 사파리 차량이 소리 없이
네 대로 늘어났다.
거기엔 반드시 이유가 있는 법.

저 건너 여덟 마리 코끼리는 그러거나 말거나
선두의 차량을 보란 듯이 무시하고
칸트의 산책 시간, 덩치 큰 한 놈이 가로질러 나선다.

사반나의 마른풀을 코로 감아 뿌리째 뽑아
제 정강이에 대고 탁탁 흙을 턴다.
이렇게 먹는 게 모범 식사법이라고
식사 중의 칸트는 순수이성비판을 씹고 또 씹는다.

맨 뒤에 따르던 수코끼리가 푸덕푸덕
한 버킷의 대변을 떨군다. 오줌도 주르륵, 무념무상의
하아 저놈도 저런 자세구나,
나처럼 허리를 뒤로 뺀 엉거주춤.

마사이마라 국립공원 일부가 상쾌해졌다.

파로마 그릴 찾아가는 길

오전의 햇살이 동쪽에서 새들어온다.
꽝꽝나무 아래 숙취의 부스러기
참새들 금빛에 홀려 토독토독 쪼아댄다.

입춘을 넘긴 후쿠오카
파로마 그릴 찾아가는 이면도로
꽝꽝나무들 줄줄이 표어를 달고 행진한다.
제국 군대처럼

— 음주운전을 박멸하자!
— 음주운전을 박멸하자!

확성기 소리로 울부짖는 까마귀
신사 근처에 숨어 있다가 언제 날아왔나.
꽝꽝나무들 머리 깎고 반성하고 있다.

꽝꽝나무 속 생쥐 한 마리

참새들에게 물어보고 싶은 까만 눈빛으로
(스물여덟 윤동주가 죽어간 형무소가 어디쯤인지)
그늘 한 장 빼내려다 움츠린다.

꽝꽝나무 속 스크럼은 검은 초록빛,
악몽처럼 무섭다.
소름 돋는 후쿠오카 까마귀.

풍경의 발작

혼잣말로 가시를 발라 낸 물길이
상리를 지나
중시암을 거쳐
한 무더기 안개를 피워 올린다.

각시다리 한가운데
벼랑처럼 우뚝 선 사내.
울부짖는 강아지를 두 손으로
움켜쥐고 있다.

새어나오는 개의 비명
흙지렁이 같은 머리칼 사납게 흔들며
피범벅 이빨로 사내는 물어뜯는다.
옥수수 알갱이를 뜯어먹듯이.

— 저게 개지랄이여.
다리 밑 돌멩이에 걸린 걸레 쪼가리처럼

멀찍이 둘러선 사람들
혹은 시궁의 핏빛 돌이끼처럼
놀란 발걸음 주춤, 주춤거리고.

소동에서 먼
읍사무소 화단
붉은 칸나가 꽃대를 간신히 밀어올린다.

맥貘

종착역에 닿았다.
승객들 모두 청춘이 되어 내린 다음
내 꿈이 이루어진
고요한 기쁨이 유리창에 번진다.
ITX 청춘열차는 지금 숨을 참고 있다.

한 호흡을 길게 내뱉고 예정된 출발을 위해
시선을 바꾸기로 한다.
두 개씩 나란히 서서 직각으로 꺾는다.
또 한 번 직각으로 꺾는다.

짧지만 정확한 절도,
사열대에서 귓가에 붙이는 거수경례처럼.
(역시 군인의 딸은 어딘가 달라요!)
짝을 지어 좌석들이 불쑥 일어선다.
물 밖으로 내뻗은 싱크로나이즈 선수 두 다리처럼.

검게 일렁이는 물결
내 꿈의 문턱에 미소를 물고 피 묻은 앞발을 걸친
저 짐승의 시뻘건 눈이 나를 응시하고 있다.

창조적인 서커스 2

진작 꿈에다 날개를 붙일걸 그랬어.

꿈이 이루어지는 회사,
주차타워 8층에서
남들보다 일찍 출근한 당신은 버튼을 누르고 직진—

열린 문으로 몰고 간 차가, 아
아
아
아
아
악,
캄캄하고 까마득한 꿈속으로 철퍼덕 꽝
떨어져버렸다.

슬프지만
그렇게 당신의 꿈은 창조적으로 실현되었다.

젊은 베르테르를 위하여

도살된 소의 뇌
광우병으로 숭숭 구멍 뚫린 소의 뇌 사진을 보셨는지,
베르테르여.

자본의 강철드릴로 여기저기 싱크홀을 뚫고 또 뚫어
지층에서 느닷없는 추락을 끌어내릴 때,
보란 듯이 가슴에 국기를 차고
웅장한 핵미사일 로켓이 워밍업을 하는 아침.

주민들의 자자한 원성과 맥도날드와 일확천금과 VIP들을 모시고
사방에서 뽕잎 갉아먹는 세 벌 잠 앞둔 누에
누에처럼 베르테르여,
우리들의 정신이 한없이 말랑해질 때

은하계를 향하여 내 이름의 로켓은 발사될 것,
베르테르여 당신을 흠모하는 내 이름으로 또한 말하노니

보라, 나는 거인이다. 사람들아
히노마루 아래 다카키여 시게미쓰여 공군참모총장의 모가지여,
삼백 년 전에도 시민계급과 귀족들 간에
간극은 지당하고 엄연하였다.

당신이 나를 처음 만나러 온 지난해 봄 벚꽃은 자취도 없고
이제 두 번째 겨울 황량한 시멘트 숲에서
흙수저로 체념하고 절망하는 자들은 복이 있나니
깊이 모를 크레바스의 천국이 저희 것이요,

금수저로 먹고 먹고 또 먹어도 메울 수 없는
탐욕의 허기는 지금 우리 눈앞에 123층으로 우뚝하다.
밤새운 편지를 찢어버리고야 마는
젊은 애인이여, 베르테르여.

제2부
스케치북을 찢고

손금에 갇힌 새

어느 여름이었을까,
땀 뻘뻘 흘리며 잠을 자다 꿈을 꾸었지.

꿈속에서 길을 찾다 불타고 허물어진 마을 어귀에서
당신이 나를 부르는데 그 먼 꿈밖으로
나가는 길을 나는 찾지 못해
해 지도록 울며불며 헤매기만 하였네.

서른 살 풋내기 교사, 내 젊은 날은 꿈에 갇혀 못 나오고
꺼멓게 타고 남은 교실 층계 뒤로 돌아가며 멀리서
수업 시작 종소리는 울리기 시작하였지.

까마귀처럼 웃는 아이들 유리창마다
기웃기웃 어떡하나,
꿈밖으로 나가는 길을 나는 아직도 모르는데.

태어나지 않은 이름은 슬프다

알게 모르게 평형수를 줄이고
귀신의 숟가락 귀신의 보따리만 챙기는 나라
태어나지 마라, 이런 나라에.

건강을 위하여 아암, 시민들의 상쾌한 건강을 위하여
담뱃값을 올리고
다이어트를 위하여 지나친 포식을 자제하기 위하여
친절하게 밥값을 올려주는 나라
태어나지 마라, 이런 나라에.

금수강산 배달민족 그런 말 지금도 사전에 있느냐.
금수처럼, 짐승처럼, 그래그래 치킨을
피자를 배달시켜 먹고 국물 많은, 짐승처럼
짬뽕을 배달시켜 먹는 우리는 배달의 민족이고말고.

금모래 은모래 반짝이는
이 강 저 강 파헤치는 배달민족

보를 쌓고 댐을 쌓아 홍수를 막았느니 재앙을 막았느니
녹조라테 넘실, 큰빗이끼벌레 너도 늠실,
저것도 먹으면 틀림없이 몸에 좋을꺼
국립과학수사연구소에 가져가 연구해 보라고 해봐.

태어나지 마라, 이런 나라에.
골목골목 CCTV만 설치하면 근심걱정 그걸로 끝—
어두운 새벽 밤길에 잡은 처녀를 토막 내고
노파도 토막 내서 가방에 담고,
바다 속에 삼백 명을 눈앞에서 수장시키고도
그래도 그게 교통사고 사망자보담 적은 수 아니냐고.
떼죽음 생방송 텔레비전 중계방송을
팔짱 끼고 바라만 보고 바라만 보는 나라
태어나지 마라, 이런 나라에.

　1박 2일로 숭례문이 불타고, 완벽하게 불탈 때까지 바라만 보고

그때 진작 알아봤지, 아암 두 손 놓고 불구경에
넋을 놓아버렸을 때
이 나라 망해버린 것 진작 알아봤어야 했지.
망해버린 자궁에 더 이상 들어서지 마라,

삼신할미가 점지해준 아이들아.

기우는 바람

요르단 암만 공항에서 시내로 가는 길
늙은 가로수들 한결같이
쓰러질 듯 서쪽으로 기울었다.

북쪽 국경 너머는 시리아
신전 돌사자 깨부수고 인질의 목을 베는
검은 옷자락.

어쩌다 페트라 암벽에
뿌리박은 무화과나무는, 일 년 내내 부는 바람과
천년 물길의 붉은 얼룩을 보며 목이 타고

시리아를 떠나와
낯선 해변 모래톱에 얼굴을 묻은 아기
아일란 쿠르디는 세 살이라 했다.

중력가속도에 들어있는 에너지

믿을 수 없다.
가문 여름 내내 벚나무에 붙어 악쓰던
매미의 검은 울음 속에도 들어있지 않았지만

벽돌을 들어 올린 소년의 두 손에
먼 거리의 표적을 기어이 맞히고 싶은 의지가
꿈틀거렸다.

열 살 소년의 몸속에 조용히 스며든 그것은
체온을 1도 높여주지도 않았고
두려움 앞에 글썽이는 눈물이 되지도 않았다.

아줌마는 화단에 쪼그려 앉아
고양이 집을 만들어주고 있었는데
그것은 집 없이 떠도는 고양이 동그란 눈동자에서
흘러나온 것이 아니다.

불꽃처럼 타오르는 붉디붉은 대가리
화단 구석 해바라기를 쳐다보는
선혈처럼 붉은 맨드라미 볏에서 나왔는지도 모를 일.

18층 옥상에서 아래로 던진 시멘트 벽돌은 오후 네 시
시속 113 킬로미터로
과녁인 사람의 머리를 향해 떨어지고 있었다.
권총이 발사될 때의 두 배 에너지
저 중력가속도 속에는 살의라는 에너지가 들어 있었다.

폭탄을 두른 리본*

사슴이었다.

아름다운 관능의 향기는 짙푸른 피톤치드와 섞이고

다육식물과 칡넝쿨과 침엽수들 얼크러진 숲에서 꽃들은 부르고 있었다.

검정, 노랑, 초록빛 나비, 나비를……

숲속 어디선가 번개가 날아왔다. 소리 없이

빗발쳐 쏟아지는 은빛,

온몸에 꽂히는, 꽂혀서 피 흘리는 쇠못들,

나도 모르게 흘린 눈물이 생각났다.

푸른 리본을 목에 두른

그녀는 그 맨 처음의 눈물이 그리운 사슴이었다.

---

* 앙드레 브르통이 프리다 칼로에게 한 말.

왼손에 대한 데생

초승달이 떠있다.
달은 내가 끄는 카트 속에서 출렁거린다.
누구는 스푼으로 커피를 저으며 인생을,
나는 월요일 밤 쓰레기를 분류하며 세월을 느낀다.

해묵은 개인적 감정을 버린다.
중학교 1학년 미술시간에 연필로 그린 내 왼손을
버린다. 오래 망설이다가
가라, 돌아오지 마라.
더러운 애착처럼 멀리 내던진다.

오래된 스크랩과
대학 시절 습작노트,
백과사전보다 두터운 총동창회 명부,
유치한 일기장, 눈 시린 추억들은
손잡이 헐거운 부재의 서랍으로 옮긴다.

초승달을 버리고 다음 주엔
보름으로 가는 달을 박스째 출렁출렁
기억의 서랍에서 망각의 서랍으로 옮겨야 한다.

한때는 기쁨으로 빛나던 나를
망각의 강에 내다버린 젊은 연인이여,
놀라지 마라.
두근대는 당신 가슴을 점자처럼 더듬는 건
스케치북을 찢고 뛰쳐나온 내 소년의 손이다.

장미가 부르는 편서풍

굴레와 채찍을 벗어날 수 없다.
눈을 감아도 나는 안다.
저 길이 내 몸속에 들어와 요동치다가
망각처럼 몽롱해지는 것을.
장밋빛 암벽의 페트라 협곡을 지날 때
방울소리와 이천 년 전의 물소리가 반죽이 되어
때로는 영혼의 기도가 된다.
그러나 그뿐 희미한 이명으로 스러진다.
게으른 몸을 태우기 위해 내 허리는 잘록하고
베두인의 채찍을 견딜 만큼 옆구리는 아직 튼튼하다.
알 카즈네 신전을 출발하여 꼭대기의 수도원까지는
무릎이 꺾이는 층계, 층계, 돌층계들
굴욕과 소금의 길.
둘러봐도 연대해야 할 동지들이 없다.
저들을 이겨낼 수는 없다고 눈을 내리뜬다.
모르는 척 수그려 귀를 닫는다.
나바테아인들의 수도원, 절벽을 늘어뜨린 산 정상에서

이방인들이 느릿느릿 등에서 내린다.
향나무를 쓰러트릴 듯 바람은 편서풍이다.
이 고통을 끝내자. 바로 지금이다,
자갈을 차며 앞으로 내달린다.
밑바닥이 바람처럼 번개처럼 다가온다.
— 당나귀! 당나귀가 떨어졌다!
구불거리는 협곡,
검푸른 심연에 흰 별들이 소용돌이친다.
몸을 벗고
바람 속에서 나는 웃는다.

벽에 걸린 바다

아버지 내 말 들리세요.
침실 벽에 봄 바다를 걸었어요.
가로는 에메랄드빛 잔잔한 지중해
세로는 지금도 빨려 들어가는 수직의 와류,
백금 장식 액자인 줄 알았는데
아니군요. 궁 안의 누군가 바꿔치기한 모양이네요.
검푸른 산화물로 부식된 알루미늄 액자
네모난 액자를 바라보아요.
침대에 앉아 바라보면 들리지요. 요정들의 노랫소리
너울거리는 파도를 타고 들려오지요.
어디에도 선실 유리창을 깨고 녹슨 꿈을 두드리는
망치 소린 들리지 않고
그림 속을 부침하는 비몽사몽만 껴안고
나는 스르르 잠들어요.
위는 아름다운 여인, 아래는 말의 다리가 달린
켄타우루스가 저예요.
아버지는 천상의 어둠에 절반,

나머지 절반은 광명한 인간계에 나와서
지금도 탕탕탕, 총알구멍으로
날마다 일곱 시간 동안 피를 흘리고 있나요.
더럽고 비참한 추억이
언제나 머리맡 오르골에서 핏빛으로 풀려나오는
내 방 침실,
나는 저 액자를 보아요, 그 검푸른 바다를 향해 걸어가요.
일곱 나라 일곱 난쟁이들처럼
서로 다른 말로 서로를 부르며 물어뜯는
이빨이 톱니처럼 사나운 저 물고기들 이름이 무얼까요.
보랏빛 모차르트의 레퀴엠 긴 허리띠로 서로의 몸에 감고
사라져 간 열일곱, 열여덟의 소년과 소녀
그들이 벗어놓은 달콤한 잠을 내 눈 속에 부어주세요.
아버지 나를 데려가주세요.
아주 멀리 나를 구름처럼 데려가주세요.

저글링

익어가는 열매 속을 가을 햇살이 단맛으로 스며들 때
고갯마루에서 마녀가 바구니에 든 사과를 꺼냈습니다.
붉은 사과, 노란 사과, 푸른 사과.
사과 세 알.

— 이것들을 해 지도록 차례차례 높이 던져
공중에서 떨어뜨리지 않아야만
하얀 여우들을 평생 종으로 부릴 수가 있어.

먼저 붉은 사과를 높이 던져 올렸습니다.
사과를 받은 허공은 금세 분홍 그림자를 흘리고
분홍 그림자가 사라지기 전에 푸른 사과를 던졌습니다.
사과를 받은 허공은 금세 연둣빛 그림자를 흘리고
연둣빛 그림자가 사라지기 전에 노란 사과를 던졌습니다.
사과를 받은 허공은 금세 하얀 그림자를 흘리고

마녀도 없는데 붉은 사과가 공중으로 솟아오르며

조작조작조작조작 시간이 흐르는 소리.
마녀도 없는데 푸른 사과가 공중으로 오르며
조작조작조작조작 먼 바다 잦아드는 파도 소리.
마녀도 없는데 노란 사과가 공중으로 오르고
조작조작조작조작 숲속의 나무들 허리 부러지는 소리.

마녀는 성처녀,
그날 아무도 마녀의 얼굴을 본 이가 없습니다.
치렁치렁 거뭇빛 드레스 자락에 아홉 가닥 붉은 꼬리가 살랑.

복원
— Последний день Помпеи*

정원을 뒤덮는 매캐한 연기
날아가던 새들이 투두둑 돌멩이처럼 떨어집니다.
폐로 들어가면 그 순간 숨이 멎는
유황과 불의 냄새.

눈으로 코로 밀려드는 화산재
애인은 내게 달려오다 바닥에 넘어집니다.
엎드려서 옷깃을 끌어당깁니다. 얼굴을 가립니다.

온몸을 뒤틀며
쇠줄에 묶인 채 자지러드는 개의 죽음을,
저기 무너지는 신전의 불길 속에 희미하게 봅니다.

나쁜 꿈이 빵처럼 부풀고
거푸집의 몸에서 천년의 시간이 고스란히 빠져나간 다음

부서지기 쉬운 인간의 기억만을 데리고
나는 그림자로 다녀갑니다.

* 「폼페이 최후의 날」 카를브륭로프의 그림, 1833년 작품.

겨울비, 하염없이

초겨울인데 개나리꽃 팔랑팔랑
찬바람에 홑적삼
도망 나온 가시내 가슴처럼
베란다의 철쭉도 꽃망울을 슬쩍.
시절이 왜 이럴까
세월이 거꾸로 가는지 환장을 하였는지.
분 바른 계집애들
치마는 허벅지로 샅으로 자꾸만 올라가고,
날궂이 살인마가 날뛰는 막다른 골목
이 골목인가 저 골목인가.
담배를 개비로 팔고 술도 잔술로 팔고
독한 추억에 취한 그네
시큰한 옛 노래에 실어
내리는 겨울비, 하염없이 늙은
개는 콧등으로 쓰레기 더미를 뒤지네.

개들을 위한 저글링

맛있는 뼈다귀 거짓말을 개들에게 던져주자.
고소한 냄새 연기처럼 사라져
썩은 살점 드러나기 전
또 하나의 거짓말을 새빨갛게 발라서 던져주자.
어리석은 개들이
색깔 속 빈 냄새를 눈치 채기 전
또 다른 맛있는 거짓말을 개들에게 던져주자.
기름진 뼈다귀와 헛것의 그림자랑
한참동안 넋이 빠져 흥겹게 놀아나도록
던져준 거짓말이 봄눈처럼
모두 다 흔적 없이 사라져버리면,
눈물 콧물 질질 흘리며 기억력 나쁜 개들
마지막 냄새를 향해
저 개들 한꺼번에 몰려들겠지.
개 위에 개, 개 옆에 개, 개 아래 개……
개를 위한, 개에 의한, 개의 피라미드 빛나겠지.
밤마다 사방팔방 네온의 십자가처럼

한데 얼크러져 세금이 없어 아름다운 개들의 나라
하나님 보시기에 좋겠네, 참 좋겠네.

Y의 비극*

루브르박물관 정원 그 해 유월
금빛으로 도금되고 남은 햇살 몇 오라기,
당신 어금니에서
아라베스크 무늬로 빛났으나
지난 밤 고라니 두 마리 비밀요원처럼 다녀가고
살쾡이가 검은 허기를 끌고 간 뒤
당신 얼굴은 전면 몰수되었다.
아무도 이 얼굴을 Y라고 말할 수 없고
아무도 이 얼굴을 Y가 아니라고 말할 수 없이
난해하게 돼버렸으니,
죽음이란 필살의 원한이나 증오와 상관없이
필요에 따라
심상尋常하게 성립되는 필요충분조건인가.
그대 열흘 전에 죽어
단숨에 백 년 세월을 건너뛰는 초능력을
사후死後에 실현한 기적을
저 초여름의 풀밭은 기억한다.

아니다.
Y의 흔적을 강변하며
Y의 체취를 진설한 자들에 의하여
인근의 유력한 풀 더미 또한 베어지고 말았으니
삶과 죽음이 둘이 아니라는 증거일 것.
오, 그대와
그대를 죽인 자가 결코
피아彼我 구분할 수 없는 한통속임에,
베어져 사라진 잡초에 묻어
그대 혼백이 저들의 깊은 뇌수 속에
영원히 저장되고, 잔액은 저들의
눈에서 흘러나와
인광燐光처럼 밤하늘을 날고 있을 것이다.

---

* Y의 비극 : 엘러리 퀸의 소설.

테셀레이션

에셔의 도마뱀은 연푸른 스카프를 두르고
책으로 쌓은 층계를 오르다
지금 발치에 걸린 삼각함수에 골몰하고 있다.

도마뱀을 덮은 후박나무 이파리, 초록에서
초록이 다 빠질 때까지
위가 허약하고 근골이 약한 나는 반하후박탕이나 달여 먹을까.

내가 당신의 안으로 들어가고
당신이 또한 내 안으로 들어오는 것,
그걸 사랑이라고 번역하면 될 것이다.

아침 식탁에서 삶은 가지무침을 먹을 때
내 혀가 감아 들이는 물컹한 당신의 혀
혹은 당신이 빨아들이는 가지처럼 말랑한 내 혀.

어제 떠난 이별의 그림자가
 내일 저녁 우리들의 발치에 붙어서 빗발처럼 머뭇거릴 것이다.
 푸른 여름의 은행 알들은 작년의 황금빛을 기억하며 후드득 떨어진다.

 거울 속으로 눈이 내린다, 영하 5도의 사랑이여.
 거울 속 내 체온은 내려간다, 자꾸만 내려간다, 영하 10도의
 사랑이여, 내 발가락이 사라지며 잿빛 꼬리가 돋아나는 게 보이느냐.

녹슨 지뢰와 가물치

찔레 덤불 아래 꽃뱀이 지나가자
참새 떼 화르르 깃을 털고
가문 하늘 두류산 놀빛에 재두루미 날아오는 곳,
사람 숨소리 하나 들리지 않는
적막 60년.

전란 3년 동안 남북 4백 50만 생목숨
이 땅에서 흙이 되었다.
슬픈 전설처럼
매지구름 비껴 흐르는 저기 비무장지대.

원통히 허리 잘린 우리 반도 아니라
동서로 나뉜 베를린처럼, 대동아전쟁의 일본 열도
니이가타에서 센다이까지 징벌의 삼팔선은
거기 있어야만 했는데…….

한라에서 백두까지 진달래 꽃걸음으로 오르는 길은

백두에서 한라까지 단풍치마 내려오는 길,
참게가 구멍 뚫는 임진 강둑에
녹슨 지뢰는 가물치처럼 지느러미가 돋는다.

제3부
물방울 카네이션

새의 탄생

촛불 아래 주르륵 흘러내린 건
잊고 싶은 과거의 시간.
몇 그램의 흐린 기억 가는 파이프 끝에 찍어

들이마시다가 훅 내뿜는다.
자칫 깊이 빨아들이는 숨에
죽음이 목구멍을 치고 넘어오는 수도 있지.

가만 불어서 풍선처럼 부풀어 부풀어 피어나는 유리의 공

한순간 팡,
스프링처럼 튕겨 나오는 파열음 속
허공에 유리의 새 한 마리 날아간다.
시간 밖으로.

아이즈 와이드 셧

황금빛 침묵의 마우스피스
입에 물고 지금부터 아무 말도 하지 마십시오.
눈을 가렸으니 내 오른쪽 어깨를 붙잡고 따라오십시오.
옆에는 비탈이며 개울이 있으니 조심하세요.
여기 풍차 방앗간 비밀층계로 자, 내려갑니다.
갈색의 굵다란 바게트, 아니 사뮈엘 베케트 식으로
언어에 구멍을 뚫는 작업은 마냥 즐겁지요.
옷은 모두 여기 벗어놓고 박쥐 마스크를 쓰고
맨살에 붉은 망토를 걸치세요.
낼모레면 얼굴에 철판을 깔고 검찰총장이 되실 분이시여,
여고생 코스프레를 각별히 좋아하시는 고상한 취향
인정해드릴게요. 검은고양이 마스크의 파트너
혹시 아시더라도 하체를 제외하곤 알은체하면 안 돼요.
쉿, 드디어 분홍빛 안개가 피어오르고
무대에 제3막이 올랐어요.
다음엔 고객님 차례입니다.
자기 성기에 입이 닿지 않아 차라리 새우가 되고 싶은

남자와
 자신의 유두에 혀를 대고 자웅동체 달팽이 체위가 가능해진 여자가
 뱀처럼 엉키기 전 빨리 준비하세요,
 나보코프인지 나부콘지 분간하기 어려운 롤리타가 둘
 히브리합창단의 노예가 셋,
 우리 대머리 회장님이 전율하시는 2대 3 파티지요.
 이제 벗으세요, 아니 마스크 말고
 망토를 벗고 달려가세요, 눈썹을 날리며
 몰약을 바른 알몸으로 날렵한 그레이하운드처럼
 언어에 구멍을 뚫는 굵다란 바게트처럼, 아니아니 베케트처럼.
 당연히 누리셔야죠,
 선택 받은 1퍼센트의 특권을.

왕의 눈물
―마티스 1952년, 색종이에 구아슈 292cm×386cm

아흔아홉 칸 비밀한 슬픔에는 문짝을 해 달고
마침내 그 문에 자물쇠를 채웠다.
해와 달, 아무도 이 안을 엿보지 말라.

왕은 아침마다 침실에서 나오면
오렌지와 핑크가 향기로운 장미 정원에 섰다.
내 배에서 나온 아이야, 죽지만 말고
살아 있어라. 지금은 찾진 못할지라도 어이 잊으랴.

익사한 아이들의 부러진 손가락들이
밤새도록 창문에서 창문으로 떠돌아다니는 꿈을 나는 꾼다.
검은 상복을 입은 어릿광대여
물결 위에 물결을,
노래 위에 노래를 장식하는 음악을 연주하라.

밤마다 침실 가까이 기르는 뿔 돋친 애완,

삼각형 꼬리털이 귀여운 한 마리 성性을 만나는 은밀한 밤까지
　내 눈길 닿는 모든 곳에 그대들 슬픔의 영역을 허락하노니,

　핏빛 노을 깔고 앉은 코발트블루
　하늘 아래 날리는 저 투명한 꽃잎이며 누런 이파리들은
　지향 없는 눈물, 모두 짐朕의 눈물이노라.

붉은 사막을 건너는 달

친절한 억압만이 눈 가리고 손 내미는 시대
모래바람 치솟는 하늘 아래
내가 너를 만난 것은 뜻밖의 행운이었다.

배스킨라빈스의 나이 서른하나가 너무 늦은 거라면
내게 남은 건 아무것도 없어요,
너는 내게 말했다.
언제고 그렇다, 너무 늦은 건 아니다.
죽음이 내일 쓰나미처럼 떼 지어 닥쳐올지라도
오늘은 늦은 게 아니지.

어디로 갈까, 가야 하나
붉은 사막을 맨발로 건너가는 달을 보았느냐.

창밖으로 흰눈을 내다보는 호랑가시나무는
알알이 붉은 열매를 매달고
겨울 건너 봄 한철을 또 견디는 것을

나도 잘 안다.

문제는 상처일 뿐.
뼈에 가까운 상처는 지혈이 어려워
그런 상처만 아니라면
저 붉은 사막을 나는 걸어갈 수 있겠다.
낙타가 없어도
내가 낙타가 되어서 가야 하지 않겠느냐.

붉은 사막에 걸쳐지는 보랏빛 구름
그림자를 넘어서면 거기
물결 소리도 나직하게 평화로운 곳,
모쿠슈라, 둥지 속에 새처럼 네가 잠든 곳으로.

소행성 F32에서 온 여자

목성이었을까
아니, 화성이었을까
에로스의 가면을 쓰고 당신을 찾아온 그녀.

그녀는 당신의 잠을 휘젓는다.
눈썹 아래
호수처럼 푸른 잠, 깨어진

약속의 파편들이
갑자기 궤도 밖으로 떠오를 때가 있다.
페르마타의 고요한 수면 위로.

가라앉은 성당*

물살 빠르게 휘도는 골짜기
맹골수로 저 아래에 모로 누운 거대한 여객선은
우리들의 성당이어요.
여기 따뜻한 슬픔의 휴게실은 우리들의 주소이고요.
머리카락에 붙은 부연 소문들
날마다 시린 무릎에는 퍼런 전기가 흐르지만
착하고 고운 지영 언니
당신이 세상에 존재하는 그게 얼마나 고마운지요.
거짓말을 감추려 또 거짓말을
입술에 검게 칠하고 늑대들과 사는 여자는 참 불쌍해요.
한라산에 철쭉은 어디만큼 왔나
나비 앞장 세워 찾아가는 길,
파이프 오르간 소리가 천천히 종탑의 층계를 오르는 동안
  은빛 갈치 살같이 달려가는 그 골짜기로 봄이 오겠지요.
  기다리던 답장이 오고, 하늘에서 별빛이 쏟아져

끝없이 소라고둥처럼 내려가는 단조의 층계
야자나무 잎사귀에서 호두나무 가지로 통통 건너가는
별 하나, 별 둘,
가만히 있어요, 가만히 있어요.
눈 감고 가만히 기다리는 다영이, 수찬이, 차웅이
손 내밀어 봐, 별 모양 귀여운 불가사릴 줄게.
오라고, 이리 오라고 손짓하는 볼우물 예쁜 최샘,
집게발 높이 들고 옆걸음 치는 꽃게들, 뽀글뽀글 피워 올리는
물방울 카네이션은 엄마한테 우리가 띄워 보내는 사랑이에요.
아, 우릴 부르는 저녁 종소리……
엄마 이제는 가셔요, 울지 말고 이제는 집에 가셔요.

---

* 가라앉은 성당 : 드뷔시의 피아노《전주곡집》제1집의 제10곡.

붉은 벽돌

어린 살모사가 겁 없이 저보다 몸집이 큰 지네를 삼켰다.
뱃속에 갇힌 지네는 뱀의 내장을 다 파먹고
아랫배를 뚫고 나오다 대가리만 내밀고 죽었다.
동강 난 뱀도 죽었다.

원한 많은 자의 이갈림이 연두를 깨뜨리고
짐승으로 터져 나오는 법.
연두의 무른 속살을 찢고
경면주사가 풀리는 하늘, 노을로 빠져들면
온통 핏빛.

도립병원에 가 피 팔아 마련한 돈으로
우걱우걱 빵을 사먹던 날들, 아직도 거기
허기진 포클레인 앞에 지네처럼 붉은 벽돌로 박혀 있다.

영원한 기념

  88 올림픽 그때 다들 흥분했지.
빚도 많은 나라 더 많은 빚을 지면서
올림픽만 치르면 금방 잘 사는 나라가 될 것처럼
'손에 손 잡고' 금빛 노래 거리거리 날리고.

  — 1936년 여름 베를린 올림픽 경기장 본부석
  아돌프 히틀러가 위대한 게르만 민족의 영광을 위해
서 있었어.

  88 올림픽 영원히 잊지 말자고
기념주화를 만들어 팔았지.
순금이 얼마나 들어갔는지 모르지만
우리도 한 개 샀어, 먼 훗날의 가보가 될 거라고.

  — 제 손으로 대장 진급을 한 통치자가
  쓰디쓴 88담배와, 너무 깊어서 쓸쓸한 양심만 허락할 때

깊이 아주 깊숙이 양심처럼 간직한
황금빛 기념주화
언젠가 행운을 가져다줄 88 기념주화.

낼모레면 또 동계 올림픽이 열리고
기념주화도 만들 거라는데
가만있자 지금 그게 어디 갔지, 어디로 사라져버렸지?

분노는 파도처럼

　묻노니 세월이여
　이 악물고 조국을 버리고 가는 이의 마음을 아는가.
　등 돌려 러시아로 가버린 빅토르 안이며,
　씨랜드 화재로 여섯 살 아들 잃은 국가대표 하키선수 김순덕
　김순덕이 훈장을 우체통에 던져버리고
　머나먼 뉴질랜드로 떠나가서 사는 마음을
　이제는 알겠는가.

　묻노니 세월이여
　한 입으로 두말하는 뱀의 혀,
　쥐새끼처럼 반들거리는 눈빛으로
　없는 죄 뒤집어씌우려 증거서류를 위조하는 정보기관
　지금도 여일하신가, 원장님도 안녕하신가.
　충직한 아랫것들 노고로 수천수만 리플 귀고리로 달랑거리며
　당당히 왕궁에 입성한 여인은

늙은 늑대 좌우로 거느리고 건강하신가,
밥맛은 아직 좋으신가.

다시 묻노니 세월이여
분노는 일어나, 분노는 집채만한 파도처럼 일어나
비통한 에너지가 되고
기어이 태풍의 핵이 되고 말 것임에…….

물이 허리까지 차고, 물이 가슴까지 차오르고
물이 얼굴을 휩싸고, 물이 캄캄한 죽음으로 끌어들일 때
국민소득 2만 6천 달러가 무색한 간판들, 우왕좌왕
빠진 쓸개를 찾아 허둥거릴 때
우리가 돌아가 기댈 정의가 있기는 있는가,
우리에게 희망이 있는가,
하늘이여, 2014년 4월 16일
저기 저 눈앞에서 어처구니없이 침몰하는 세월이여.

홍어회를 못 먹는 것은

그게 없으면 잔치가 아니라 했다.
초상 난 자리거나 혼인 잔치의 큰상이 아닐 터,
홍어가 빠지면……

곰삭은 홍어찜을 먹을 때 주의하라,
콧잔등을 후려치고 머리끝까지 단숨에 휘몰아치는 감각의 오로라
를 기꺼이 눈물 속에 찬양할지니.
그러나 홍어회를
나는 먹지 못한다.
부실한 구강구조보다 부덕한 내 탓이다.

자전거를 배우다 배우다 결국
이번 생에서는 자전거를 못 배우고 만 것처럼
매운 홍어찜은 먹어도 홍어회를 못 먹는
그건 운명이다.

알약도 아작아작 깨물어야 먹고, 캡슐도 까서
  모래알 같은 약 알갱이를 가루로 빻아야 삼킬 수 있는
사람의
  슬픈 운명처럼.

  홍어가 빠지면 잔치가 아니라는데
  잔칫집 홍어회 앞에서 나는 슬프다,
  무효다.

리아스식 해안의 검은 겨울

 지난밤 그 여자의 하얀 레이스 달린 파란 실크 잠옷 그림자가 오래도록 불이 꺼지지 않는 침실 창문에 검정 나비 실루엣으로 하늘거리고 있었다. 여러 해 동안 피폐해진 주민들의 안녕 위로 사금파리가 싸락눈처럼 한 줄 두 줄 아프게 흩날리는 그 시간. 잿빛 어두운 마음의 문을 열고 여자가 고개를 내밀었다. 내 차가운 손을 잡아주셔요, 그리고 내게 당신의 피를 넣어주시면 당신을 주인으로 섬길게요. 붉은 가방을 손에 들고 여자가 자신에게 날아온 동박새를 도끼눈으로 내쫓으며 말했다. 저리 가, 가버려. 가방의 아가리는 이를 악물고 닫혔으나 벌어진 지퍼의 잇바디 사이로 보랏빛 연기가 피어올랐다. 독한 연기는 뱀의 혀처럼 갈라져 주민들의 한두 가닥 가냘픈 희망을 단숨에 빨아들였다.

 리아스식 해안 가까운 바다에서는 날마다 빈사의 물고기들이 수면 위로 허옇게 배를 내밀고 떠올랐다. 안간힘을 써서 검은 수면 위로 뛰어올라 그 여자가 손짓을 하면 물고기들은 가끔씩 날개 달린 뱀처럼 날았다. 죽은 아버지의 망령도 그 틈에 끼어 선글라스를 쓰고 날아올랐다. 신화 속에서 끄집어 낸 시간의 비늘들은 단단한 쇠줄로 꼬여 그 여자의 믿음직한 허리띠가 되었다. 그 여자를 에워싼 제국의 부로들이 구세주를 대하듯 엄숙히 가스통을 어깨에 메고 나서는 아침, 그들의 빨간 내복에 여자가 손키스를 뿌리자 제국의 겨울은 일제히 바닷가 검은 바위를 향해 달려갔다. 강철같이 뭉쳐진 제국의 겨울은 불타는 돌멩이가 되어 가망 없는 미래에 연합하기 위하여 허공을 날아갔다.

  장난감 공룡을 손에 든 채 태어난 차세대의 아이들은 엉덩이에 벗을 수 없는 형극을 문신으로 두르고 불온한 소문의 식물로 성장했다. 그 밤에 저주 받고 태어난 아이들은 아홉 개 꼬리를 가진 붉은 여우의 울음을 좇아 몽골의 사막으로 떠나갔다고도 하며 일부는 페리호를 타고 후쿠시마로 떠났다는 소문도 떠돌았다. 돌려줘, 내 피를 돌려줘. 여자의 이름을 소리쳐 부르다가 죽은 아이들은 타다 남은 약속의 숲에서 흰 숯으로 발견되었다. 번쩍번쩍 손을 들어 번개를 내리칠 때마다 그 여자의 증오심은 청동 지붕에서 유황연기를 피워 올렸고, 깊은 새벽이면 행복한 신음을 흘리며 핏발 선 눈이 항상 지상을 두리번거렸다.

지우다

턱에 묻은 김칫국물을.
그리워하면서 잊어야 하는 이름을.
떠난 지 수십 년 버리고 온 물속의 고향
자전거가 돌아 나오는 고샅길을.
늪지대에 내려앉는 재두루미 떼
AI바이러스를 껴안고 비틀거리는 춤사위를.
값없는 수다를.
하염없이 끌고 다닌 하루, 세면대 앞 두꺼운 화장을.
원룸에 은신하여 빨간 눈으로 조작한 수백 수천의 댓글들을.
발음을 교정하고 억양에 맞춰 손짓을 입히는
그 여자의 심야 외국어학습과 새로운 패션 감각을.
응답률 17 퍼센트 속에서도 지지율을 찾아내는
여론의 핀셋을.
겁탈 당한 뱃속에서 수정된 태아를, 도려내고 싶은
부정한 시간, 시간, 시간들을.

한꺼번에 전체를 검게 씌우고
한 방에
Delete!

검은 땅, 흰 물

밤길을 간다.
비 많이 내린 뒤 캄캄한 먹눌,
밤길을 혼자 걷는다.

검은 땅, 흰 물

한사코 흰 것을 딛고 싶은 마음과
내 발걸음은 힘겹게 싸운다.

내딛는 발밑은 벼랑인지
허방인지
단단한 대지인지 분간할 수 없다.

핏속에 흐르는 믿음을 택한다.
검은 것을 디뎌라. 검은 것을 디뎌야 한다.
흰 것에 속지 말라.

검은 땅, 흰 물

물은 희게 웃는다.
방심한 발을 흠뻑 적시기 위하여.
웅덩이는 희게 웃는다, 악마처럼.

촛불의 용도

어두운 방에서 책을 읽기 위하여
고전의 바다를 항해하기 위하여
촛불을 켠다.

어두컴컴한 침실에서
한 방울 촛농을, 유월의 장미
향기로운 가슴 아래에 떨어뜨리기 위하여
번개 치는 순간, 한 방울로 오므라드는 꽃잎의
그 짜릿한 쾌감을 위하여 촛불을 켠다.

가난한 결혼식장을 밝히던 촛불,
그리고 박수를 치며
아이의 생일 데커레이션케이크 위에 촛불을 켠다.

오월의 가두에서 돌을 던지고
목청이 터지도록 타도하라, 처단하라,
외치는 맨손, 맨주먹, 맨얼굴에 대고 최루탄이 퍼부어

질 때
　피어오르는 연기 속 램프의 요정이 나타나듯
　쫓기는 골목, 대문을 지나 유리창 틈으로 스미어
　목에 걸린 가시처럼 캑캑거릴 때

　눈물 콧물 부들부들 떨리는 손,
　참을 수 없는 분노를 삭이기 위하여
　한 자루 촛불을 켠다.
　캄캄한 대낮의 어둠 속 의인을 찾아 헤매는 디오게네스
　촛불을 들고 하염없이 헤매는 디오게네스처럼

　미친 소, 병든 소가 무섭고
　숨 막히는 민주주의를 살리기 위하여
　촛불을 켠다.

　프라이팬에 고등어를 구우면서
　거실에 떠도는 역겨운 비린내를 없애기 위하여, 우리는
　한 자루 정의의 촛불을 켠다.

맨발의 아버지

대통령이 발령한 임명장이 있었다.
기억의 모퉁이를 돌아 사라진 시간은 불타버리고

호박잎에 까맣게 햇빛이 기총소사로 튀고 있었다.
목천포 다리를 건너는 내 등에는 란도셀 가방,
가방 속엔 성냥 한 통과 1학년 교과서와 두어 권 공책과
아버지 숨죽여 떠는 여름밤이 들어 있었다.

베잠방이만 입은 맨발, 자갈돌에 긁히고 나뭇가지에 찍히고
전주全州에서 숨리[裡里]까지 아버지가 걸은 맨발의 산길, 밤길.

모두 다 놔주고 퇴각하라,
이상한 생각이 들었으나 그들은 전화 지시를 따랐다.
전주형무소 문을 활짝 열었다.
내 신발, 내 옷가지를 찾아 꾸물대는 이들을 보며

아버지는 맨발로 뛰쳐나왔다.

'놔 주고'가 아니라 '쏴 죽이고', 라는 전언이었음에
 아버지 등 뒤에서 한참 만에 따발총소리 불붙기 시작
하였다.

제4부
가시 많은 몸

갚아야 할 꿈

자정의 비는
가로등이 하얗게 빛나는 곳으로 몰려간다.
멈칫멈칫 내린다.

거기 있을 것이다.
느릅나무 이파리 뒤에 숨어
우는 민달팽이
푸른 울음, 기다란 한 줄이.

내밀어 더듬는 뿔에
당신의 붉은 꿈이 걸린다.
엎치락뒤치락 갚아야 할 당신의 꿈이.

그늘의 조건

슬그머니 마음 한쪽이 꺼진다.
바람 빠진 고무공처럼

당신에게 보내는 텔레파시
조여 둔 알람의 나사가 풀어진 모양이다.

찌그러진 마음의 갓길엔 늘 푸른곰팡이가 피어
그렇게 한 주일
한 달, 두 달이 가기도 한다.

웃자란 풍경 저 너머로 새가 날아오른다.

등이 가려워서
새는 모래를 끼얹어 목욕을 하고
나는 당신 눈앞에 가려운 내 등을 내민다.

당신의 햇빛을 못 받은 마음의 아래쪽은

골짜기가 깊어서
언제나 빛깔이 서늘하다.

우체통 안에서는 무슨 소리가 들리나

수직으로 천년, 돌은 뿌리를 내린다.

빨간 외투 걸치고
몇날며칠 귀를 열어두고 있었으므로
소리의 사연들은 고물거리며 바닥을 기어 다닌다.

날개 있는 것들은 모두 한 번씩
깡통에 던지는 동전처럼 발치에 웃음을 던져주고 갔다.
초등학교 삼층 난간에 날아 앉는 비둘기 떼,
측백나무에서 은행나무 우듬지로 날아오르는 직박구리,
직박구리에 놀라 까무러치는 어린 참새들.

빙글빙글 둥근 양철통으로 만든 운동장 안
바람의 심줄 찢어 날리는 솜사탕이며
보랏빛 매지구름에서 일렬종대로 떨어지는 비의 씨앗들이
온갖 새들의 울음소릴

천둥소리로 꿰어 오고 있었다.

— 달이 검은 해를 베어 먹는 밤

저 늙은 우체통 뒤로 가만히 다가가 껴안을 듯
귀 대고 들어봐, 잘 들어봐.

한숨 소리, 옆구리 풀어 상처를 내뵈는
땅속 푸른 뱀의 울음소리,
떨어지는 제 그림자를 냉큼 부리로 물고 가는
세 발 까마귀,

태양을 향해 날아가는 저 까마귀
숯불처럼 붉은 천 년의 울음소리 들릴 것이다.

반인반신을 기리는 노예들의 합창

어라, 인간이 아니네.
온몸에 갑주처럼 황금비늘 돋아나며 지금 신이 되고 있는 중.
눈 있는 자 보고 귀 있는 자 들으라,
중국 발 상서로운 미세먼지 속 빛나는 오렌지빛 태양을.
우렁찬 노예들의 합창을.

어리석은 자들을 속이는 일
아주 간단해.
세상에서 가장 정직한 표정의 가면을 쓰고
거짓말을 하는 거야.

오른손이 하는 일 왼손도 모르게
거짓말을 또 하는 거야.
세 번 네 번, 열다섯 번이라도 하는 거야. 킬킬킬
귀에 못이 박이면, 그럼그럼
어린 백성들은 믿게 되는 게지.
일찍이 그와 같이 예슈께서 말씀하셨어.

자 멋지고 눈부신 속임수
먼저 자기를 속일 줄 알아야 하는 법,
이 손을 보시라, 아무것도 없다.
손바닥을 펴면 경부고속도로가 나오고
뒤집으면 굴욕의 한일협정, 목숨팔이 월남파병이 나온다.

파월병사 두당 월 200달러씩 계산하고 패를 돌려
돌리고 돌려서 월급은 30달러, 나머지는
국가의 삥땅이다 어쩔래, 억울하면 출세해라.
나처럼 불행한 군인이 다시는 출세하지 말아야 한다는 건
악어의 눈물이다, 눈물 속에 피는 꽃이다.

어리고 몽매한 우리들 등 뒤에 숨었다 연기처럼 사라지는 너
너는 누구냐,
사람이냐 귀신이냐, 우리 앞에 썩 나서라.

푸른 잔디밭에 파란 텐트

햇빛 속 노랑을 다 먹은 벤치는 네 발 짐승
푸른 잔디 속에 얼룩진 발등을 숨기고
살그머니 기어간다.

기어가는 저 짐승은
앞서 가는 벤치의 엉덩이에 금방이라도
두 발 걸쳐 올라타고 싶다.

풍선에서 빠져나온 목쉰 바람을 안고
푸른 잔디밭에 파란 텐트,
사람은 없고 안 보이는 웃음소리만 투명하게 펄럭인다.

도깨비 같은 시간들이 공원의 꽃밭에서
장미 가시로 가슴을 찌르는 동안

지난여름 세상에서 가장 부드러운 이불을 덮는 것처럼
키 넘는 물을 덮고 지낼 때가 있었다.

수면 밖으로 다른 나라 해가 뜨고 질 때가 있었다.
허리까지 물에 잠긴 버즘나무 소문 부옇게 기울어져도
지나고 나면 모두들 흔적도 없지.

느실난실 시간이 인동 덩굴로 흐르고 넘치다
푸른 잔디밭에 파란 텐트를 펼쳤다.

사는 일
죽는 일
손에 안 잡히는 물속에서 하염없었다.

댄서들

라흐마니노프의 피아노협주곡이
역광으로 빛나는
강물이
저 굴다리 너머 있다.

산책로로 빠지는 골목에
키 큰 시멘트 상징이 하나 둘 셋……

백조를 춤추는 발레리나가
토슈즈 끝으로 서서 한쪽 다리를 뻗어 올릴 때
열광하는 병사들 머리 위
파시스트의 오른손이 칼처럼 뻗어나갈 때

얼룩진 푯대에는 앞선 자의 행적,
위대하거나 치사한 삶의 지린 흔적 앞에 놓고
황홀한 떨림,
속눈썹 바르르 가장 근엄하게 한 발을 치켜드는

폭스하운드, 요크셔테리어, 말티즈의
뜨뜻미지근한 사인처럼

두근거리는 시멘트 20130225호 전신주 앞에
그 여자가 마주선다.
가만히 오른발을 뻗는다, 높이 높이
전신주에 얼룩진 영욕보다 높이.

옥상에 빵 한 덩이

 모래의 시간이 흘러내린다. 황사 속 언덕에 이층집이 흘러내린다. 이층 옥상 개집은 파란 기와집. 아파트가 좋아 주인들은 건넛마을 새 아파트로 오늘 이사 갔다. 대문 앞 전깃줄은 눈뜬 강아지들이 떠나가며 흘린 울음소리 가늘게 뽑아 출렁거린다. 아래층 장롱이 얼씨구 좋아라 떠난 자리 먼지 속에 네모반듯하다. 휘돌아 오르는 바람 잠시 쉬어가는 철제 층계가 흔들거리고, 난간의 녹슨 시간을 핥는 어미개의 시선이 뚝뚝 끊어진다. 땅거미 내릴 무렵 마대자루와 올가미를 실은 용달차가 가까워지고 따라가지 못한 개의 슬픔은 흙바람에 한 덩이 빵으로 남았다. 보안등이 켜지는 골목, 옥상에는 빈 개집과 빵 한 덩이. 검은 십자가처럼 전봇대가 전깃줄을 걸치고 허기진 입을 벌려 바람을 찢어먹는다.

구리참새

강변에 갈대들 수군거리는 소리 바람보다 높아갈 때
내다보는 똥그란 눈들
바람의 갈피갈피 숨바꼭질하는 참새 떼
냄비 속 콩알처럼 다갈거린다.

문득 사람의 발소리에 소스라쳐 날아오르다 보면
발톱을 오므리는 강이 무심히 깊다.
저 강을 건너면, 건너기만 하면 저것들은
구리참새가 되거니.

한 나라를
물 말아먹을 내심으로 속웃음 출렁이던,
눈웃음 길게 출렁이던 자도 몇 해 전
저기, 구리참새들 새똥 빠지는 데서 고갤 푹 꺾었더니라.

키 작은 바람은 떼 지어
물살을 가뭇없이 밀어가고, 한 세월이

시어터진 홍타령으로 넌출지고 넌출진다. 떴다 보아라, 태평성대, 오늘이로다.

광화문에서 프리허그를

가시 많은 이 몸 벗을래요.
한국에 가면, 이백만 원 월급 받는 이가 청혼한댔어요.
나보다 스무 살 많은 아저씨, 이백만 원이면
승용차가 있고 기사도 둘 수 있겠지.
생각하고 베트남에서 왔어요, 제 이름은 프엉.
팔 년 됐어요. 일곱 살, 세 살, 오누이
손 잡고 구정엔 고향에 찾아가려 했는데
십팔 층 아파트에서 뛰어내려요.
나비처럼 팔랑,
우리 세 식구 저쪽으로 건너가 같이 살 거예요.
가시 많은 이 몸 여기서 벗을래요.

십오만 사천 볼트 전기가 흐른답니다.
삼십 미터 송전탑 거기 사람이 올라가 있습니다.
벌써 두 달째여요.
서커스를 하느냐구요?
억울해서, 억울하고 분해서 알리고 싶었어요. 사람의

꿈을 꾸고 싶은데
턱턱 걸리는 가시 울타리가 무서워요.
겨울 해는 걸음이 빠르지요. 귀신 같은
내가 무서워요.

오래 참고 기다렸어요.
하지만 다시 또 기다려야 하는 당신,
더 이상 우리는 당신에게 질문할 게 없어서 미안해요.
우리가 할 수 있는 건, 우리가 당신을 도울 수 있는 건
아무것도 없습니다.
끌어안고 울어주는 것, 그것 말고는.
슬픔에 삭은 바람이 곧 혹한을 데려오겠지요.
쓰디쓴 희망은 식도를 넘어 우리들의 눈물이 될 뿐.
내일이나 모레 희망을 버릴 사람들.
오세요, 이리 오세요.

그림에서 빠져나온 마하

고소한 옥수수 또르띠야가 생각나요.
맛있는 하몽을 싼 또르띠야에 적포도주도 한 잔.
배경을 떨치고 살금살금 액자 틀을 뛰어내려 사뿐,
마요르 광장에 나갈 테니 눈감아주셔요.
비어 있는 액자 앞에서 구시렁거리는 사람들이야
나체의 체온 희미한 장의자에
페르시아 고양이처럼 드러누워 쉬든지 말든지.
나도 그림 밖의 세상에서
다디단 공기를 숨 쉬고 맨발로 달리고 싶어요.
랄랄라 트랄라라 캐스터네츠 튕기며 멋진 춤을 추고 싶어요,
올레! 멀리 있는 별빛 그리운 말라게니아.
내 얼굴에 환희의 금실 은실 햇살을 받고 싶어서
방금 프라도 미술관을 빠져나온 길이에요.
프릴 많이 달린 플라멩코 무용복이 실은 좀 더러운가요.
미술관 회랑에서 빠져나온 걸 아무도 몰라요.
날마다 테레빈유 마시며 가슴이 먹먹했어요.

날마다 1808년 5월 3일, 검은 밤이 끝없이 되풀이되고
날마다 총소리, 총소리, 그리고 높이 팔 벌린 검은 비명소리
강물처럼 침대 밑으로 흐르고
제 자식을 잡아먹는 크로노스 피 묻은 아가리,
끔찍한 시간의 검은 괴물이 쫓아오고 있어요.
동트는 핏빛
아, 이제는 돌아가야 해요.
돌아가서 당신을 기다릴게요. 목 뒤로 손깍지 끼고
어둠 속에 빛나는 가슴 열어 한 송이 백합처럼
기다릴게요. 어서 오셔요.
두려움 없이 보셔요, 온몸으로 기다리는 내 모습을.

인공위성이 빛나는 밤

못 보던 은빛 신호 깜박거리는 봄밤이었다.

자세한 위치 모르겠어요?
— 지동초등학교에서 못골놀이터 가기 전….
지동초등학교에서.
— 못골놀이터 가기 전요.
누가, 누가 그러는 거예요?
— 어떤 아저씨요. …아저씨! 빨리요, 빨리요!
(강제로 문을 열고 들어오는 소리)
— 잘못했어요. 아저씨 잘못했어요….
여보세요, 주소 다시 한 번만 알려주세요.

CCTV 속
어둠을 찢고 나온 커다란 짐승이
젊은 여인을 덮쳐서 질질 끌고 간 그 밤.

노량진수산시장에서 생선을 토막 치듯

280 토막 살을 가르고 뼈를 잘랐다.
비닐봉지 14개에 20 조각씩, 해체된 돼지고기처럼,
신중하고도 치밀한
야간작업이었다.

액정화면 꺼져버린 밤하늘
어제는 서쪽에서 빛났고, 오늘은 동쪽
낮은 하늘 은빛 싸늘하게 인공위성이 빛나는 밤.

황금총을 가진 사나이

모하메드 알 카다피
사이프 알 이슬람 카다피
알 사디 카다피
카미스 알 카다피

카다피 카다피 카다피, 일곱 아들의
거룩한 아버지 무아마르 카다피,
마흔 명의 아름다운 금발 경호원을 곁에 두고
남달리 황금을 사랑한 세련된 독재자.

눈부신 브라우닝 하이파워 황금총을 가졌었는데
세상에, 자기 총에 맞아 죽었는데……
누구처럼,

고향의 콘크리트 배수관에 숨은 쥐
태양이 황금으로 빛나는 시월에
'신은 위대하다'
온몸으로 증명해 주었지.

청계천의 민간어원적 의미

히히 히딩크 왔어. 아들딸 사위야, 사진 박게 퍼뜩 나와라.

갑자기 뒤통수를 얻어맞은 듯
깜짝 놀라면서 물줄기를 게워내는 청계천.
거대한 강철의 똥탑 아래서 시작하는 청계천.
청계천은 분수대다 짝퉁이다 소가 웃는 실용주의다.

청계천에 흐르는 것은 유구한 역사가 아니다.
청계천에 흐르는 것은 불한당의 욕설이 아니다.
급진 좌파의 주먹이 아니다.
청계천에 흐르는 것은 북악산의 인왕산의 골짜기에서
골짜기로 흘러나와 살 비비며 도란거리는
수줍고도 순정한 물줄기가 아니다.

청계천에 흐르는 것은 지푸라기다.
지푸라기로 낚아챈 큼직한 간 덩어리다.

땅 투기 뻥튀기 은근슬쩍 위장전입
출근도 하지 않고 월급 타먹는 위장취업이다.
본토 발음으로는 어뢴지다.

청계천에 흐르는 것은 음메 하고 울지도 못하고
걷지도 못하는 오케이목장의 소,
아니다, 아니다.
불편하신 소가 질질 흘리는 침이다, 세금이다.
해마다 똥탑 아래 흘리는 팔억칠천만 원,
품위 유지비 포함 십팔십팔 십팔억 원이다.

익명의 귀

북쪽 기슭이었다.

떠내려 온 시신은 흰 천으로 덮여 있었고
긴 산책로를 코스모스가 숨죽여 따라왔다.

신원파악이 어려운지 경찰차들이 오래 머무르는 동안
서성이는 검은 제복들을 피해 비둘기 떼 멀리 휘돌아 날았다.

손에 쥔 마지막 패를 던지면서
수십 년 가꾼 자기를 자기 속에서 불 질러 지워버렸을까.

흰 천 밖으로 드러난 검은 모발, 너른 이마,
두런두런 소문이 다 빠져나간 귀.

귀 한 짝이
늦은 오후의 가을볕을 받고 있었다.

검은 버찌의 시간

강으로 뻗친 길목이었다.
집을 나온 개들처럼
벚나무 몇 그루 한 줄로 가고 있었다.

왼손에 변비, 오른손에 고혈압을 흔들면서
이른 새벽 저 아래로 하염없이 지나간 불로장생들
내가 그 발자국들 위에 내 발자국을 포개는 일은
무죄다.

여자의 입술을 물들이는 보랏빛
버찌의 신맛 속에는 한 알의 부끄러움이
오래전 열일곱 살 당신 가슴에서 뱀처럼 눈을 뜬다.

낭자하게 떨어져 짓이겨진 버찌는
배란기의 꿈속을 먹물처럼 질척인다.
열매를 갖고 싶은 열망이 향기와 빛깔을 떠나보내고
검은 버찌의 시간을 소유했으리.

한 알의 작은 열매를 여기까지 보내온 분홍의
햇살들은 떠나갔다, 봉인된 가지 끝
치욕의 강물은 뒤돌아보지 않고 흘러가버렸다.

■ 해설

'기록하는 기억'으로서의 서정
— 강인한의 시세계

유 성 호
(문학평론가, 한양대 국문과 교수)

1.

 강인한姜寅翰 시인의 열 번째 시집 『튤립이 보내온 것들』(시학, 2017)은, 등단 반세기를 맞은 우리 시단의 대표 중진重鎭이 정성스레 새겨놓은 미학적 기념비이다. 두루 알려진 것처럼 강인한은 1967년 조선일보 신춘문예로 등단한 이래, 그 스스로 말했듯이 "시는 언어의 보석이다./그 속에서 빛나는 것은 시인의 영혼이다."(「시인의 말」)라는 신념을 균질적으로 그리고 지속적으로 지켜온 시인이다. 그 이름에서 풍기는 '강인한' 이미지와 함께 그는 다양한 실험으로 독자적인 "언어의 보석"을 일관되게 캐왔고, "그 속에서 빛나는" 심미적 섬광의 극점을 선명하게 형상화해왔다. 이번 신작시집은 이러한 언어적 결정結晶으로서의 "시인의 영혼"을 보여주기에 충분한 예술적 성취라고 할 수 있을 것이다.

세심하게 읽어보면 금세 알 수 있는 것이지만, 이번 시집은 삶 혹은 세계에 대한 객관적 접근이나 이념적 입장 표명 같은 것에 전혀 중심축을 두고 있지 않다. 오히려 시인은 철저하게 내면에 축적된 시간의 깊이를 바라보고 표현하는 데 시적 초점을 두고 있다. 따라서 우리가 이번 시집을 읽는 것은 시간의 깊이를 들려주고자 하는 시인의 의지와 흔연하게 만나는 일과 같다. 결국 강인한 시인은 '거울'과 '창窓'으로서의 이중 역할을 이번 시집에 부여함으로써, 자신의 다양한 경험과 기억과 전언傳言을 모으되 그것을 역동적인 하나의 화폭으로 구성해가는 원리로 삼고 있다.

일찍이 프랑스 문호 위고(V. Hugo)는 『세기의 전설』 서序에서 "모자이크 안에서처럼, 개개의 돌맹이는 자신의 고유한 색깔과 모양을 가지고 있지만, 그 전체는 하나의 형상을 하고 있다."라는 말을 한 적이 있는데, 이는 다양한 개별성 들이 느슨하나마 하나의 통합적 전언을 욕망하면서 결속된 것이 자신의 작품임을 강조한 것이다. 강인한의 이번 시집에 실린 시편들도 이러한 모자이크 원리를 닮아 있다. 말하자면 그의 시집은 수미일관한 원리에 의해 규율되어 있지 않고, 그때그때 활성화된 역동적 상상력이 플래시처럼 터져 나오는 빛을 발하는 방식으로 구성되어 있다. 일률적 동어반복이 아니라 시편 하나하나가 다양한 주제와 정조情調를 견지하고 있고, 통일된 화두나 주제로 명료하게 개괄할 수 없는 것이 시집의 요체이자 장점인 셈이다. 여기에 '기록하는 기억'을 향한 그의 오랜 적공積功이 배어 있음은 췌언의 여지가 있을 리 없을 것이다.

2.

이러한 원리에 의해 씌어진 강인한의 시에는 감정 과잉의 '감상感傷'이나 모조模造 행위인 '포즈'가 전혀 찾아지지 않는다. 오히려 시인은 세계의 모순을 이루고 있는 많은 현상들을 비 선택적으로 모두 흡수해 들이면서, 가파르게 세상과 대결하고 나아가 자신만의 '희망'의 원리를 창안해내고 있다. 그럼으로써 그는 인간의 존재 형식이 기억과 현실 사이에 있음을, 그리고 시는 낭만적 우수와 현실 감각이라는 이중 장치에 의해 씌어지는 것임을 뚜렷하게 보여준다. 그 안에는 그 누구도 범접하기 힘

든 경험적 격정의 세계가 수반되며, 강인한은 시를 향한 순연한 열망으로 그 격정을 치환해간다. 그 점에서 강인한의 시는 낮은 목소리에 의해 단아하게 씌어지는 '단형 서정시'나, 말랑말랑한 감각을 돋우어내는 '감상적 회고시'와 거의 대척점에 있다.

> 바람들이 차갑게 또는 서늘하게
> 길 위에서 서로 다른 체온을 비비며
> 색실처럼 넘나드는 아침 여섯 시의 공기.
>
> 길바닥에
> 지렁이들 나와 죽어있다.
> 어제는 얼마나 먼 길 찾아나서 땡볕에
> 말라 죽었느냐, 느린 걸음으로
> 울며 가는 달팽이들.
>
> 갈대숲 푸른 덤불을 감고
> 길 가는 미루나무 새 잎을 향해
> 강물처럼 넘실거리는 나팔꽃 넝쿨손.
>
> 강아지랑 고양이
> 식구들 유모차에 다 태우고
> 한강공원 산책 나선 할머니.
>
> 강변북로 아래 굴다리 지나
> 튤립 꽃은 가고 없네. 공원관리사무소 옆
> 돌돌거리는 유모차에 쫑긋쫑긋 귀를 버리고.
>
> ―「튤립이 보내온 것들」 전문

시인은 아침 일찍 강변북로 아래서 튤립 꽃이 지고 난 후의 풍경을 바라보고 있다. 가령 이곳에는 땡볕에 말라 죽은 "지렁이들"이나, 느린 걸음으로 울며 가는 "달팽이들" 그리고 갈대숲이나 미루나무 잎을 향해 넘실거리는 "나팔꽃 넝쿨손" 등이 있다. 어떤 것은 죽어 있고, 어떤 것은 울며 움직이고, 또 어떤 것은 생명의 몸짓으로 부산하다. 그리고 거기에 "강아지랑 고양이/식구들 유모차에 다 태우고/한강공원 산책 나선 할머니"의 풍경이 부가적으로 얹힌다. 어쩌면 반려동물들을 태우고 노경老境의 한순간을 지나가는 할머니의 형상이야말로 사라져버린 '튤립 꽃'의 마지막 잔상殘像일 수 있을 것이다. 시인은 사라져버린 '튤립 꽃'이 만들어내는 이 같은 다양하고 무심한 풍경들을 바라보면서, 한편으로는 '튤립이 보내온 것들'이 죽거나 울거나 낡아감을 말하면서도 다른 한편으로는 튤립이 피어 있을 때의 활력을 역설적으로 증언하고 있는 셈이다. 그렇게 시인은 "어둠 속에 빛나는 가슴"(「그림에서 빠져나온 마하」)을 열어 다양한 풍경이 내비치는 순간의 극점을 기다리고 또 현상해간다. 그렇다면 '튤립'은 '시詩'의 은유적 등가일 수도 있을 것이고, '튤립이 보내온 것들'은 시가 담아낼 수 있는 '죽음'과 '울음'과 '생명'의 형상들일 수도 있을 것이다. 그렇게 강인한은 '시와 '시인'에 관해 상상하고 그 내질內質을 메타적으로 구축해가는 시인이다.

지휘봉 하나에 칠십 개의 시선이
자장 안의 쇠붙이처럼 모여든다.

치켜든 지휘봉에 수은의 정적이 맺혀 반짝 빛나는
한순간, 봄의 기병대가 뛰쳐나가고
여름의 악장이 강물처럼 넘실넘실 흐르다
섭씨 삼십육 도와 사십일 간의
지글거리는 폭염을 끌고 프레스토로 이어져 갔다.

모든 악기들이 땀을 들이고
지휘봉을 든 여자 앞에 한 남자가 앉는다. 종이를 끼우고
천천히 타자기를 치는 남자.

─토드락 탁 토드락탁탁 톡탁 타르륵
 탁탁 토르르르 탁 톡톡

배롱나무 태양처럼 붉은 꽃들, 하르르 지고
배롱나무 흰 꽃들, 붉은 꽃들 사이사이 흩어지는 소리.

타자를 다 마친 남자가 일어서서
종이를 꺼내 지휘자에게 두 손으로 바친다.
접힌 종이를 편다. 백지에 핑크 하트!

　　　　　　　─「타자기를 연주하는 남자」 전문

 두루 알다시피 지휘자는 연주자들의 시선을 "자장 안의 쇠붙이처럼" 빨려들게 하는 존재이다. 지휘봉은 "수은의 정적이 맺혀 반짝 빛나는/한순간"을 잡아내는데,

이때 지휘자가 만들어내는 '여름의 악장'은 넘실넘실 폭염을 끌고 빠른 템포로 흘러간다. 그런데 그렇게 악기들로 하여금 땀을 들이게 한 "지휘봉을 든 여자" 앞으로 "천천히 타자기를 치는 남자"가 와 앉는다. 그는 "배롱나무 태양처럼 붉은 꽃들, 하르르 지고/배롱나무 흰 꽃들, 붉은 꽃들 사이사이 흩어지는 소리"를 내면서 타자를 완성하여 지휘자에게 바치는데, 접혀진 종이에는 "백지에 핑크 하트!"가 그려져 있다. 지휘봉 하나로 수십 개 시선을 모으는 지휘자에게 '봄의 기병대'와 '여름의 악장'을 듬뿍 담아 배롱나무꽃들이 하염없이 이울고 지고 사라져가는 그 순간을 백지에 담아낸 남자의 심미적 작업이야말로 '시작詩作'의 은유가 아닐 것인가? 그래서 시인은 타자기를 '연주演奏'한다고 했을 것이고, 그 '타자 연주자'는 바로 '시인詩人'의 은유적 형상이 될 것이다.

이 작품에서는 "짧지만 정확한 절도"(「맥貘」)를 가진 순간의 미학을 격정의 언어로 담아내는 강인한의 감각과 사유가 그 특유의 빛을 발한다. 이처럼 강인한 시의 일차적 외관을 구성하고 있는 것은, 정신주의적 견고함을 담아내면서도 동시에 미학적 극점의 순간을 환기하는 계열 체적 이미지들이다. 이러한 인상은 강인한 시인이 삶의 깊은 이법理法에 대한 견결한 태도를 단호한 형상 안에 담아두기 때문에 생겨난 것이기도 할 것이다. 그렇게 강인한은 '시'(튤립)와 '시인'(남자)의 초상을 통해 자신만의 심미적 입상立像을 도모해간다.

3.

그런가 하면 강인한 시편은, 대개의 서정시가 그러하듯이, 재귀적再歸的 원리를 통해 '역진逆進'의 기억을 향해 가기도 한다. 아닌 게 아니라 그의 시는 기억과 현실을 통합하면서 주체가 대상을 통해 겪는 순간적 경험에 관심을 두루 가진다. 그리고 거기서 비롯되는 주체의 정서적 반응에 직접적 자기 근거를 마련해간다. 이때 주체는 대상으로부터 결코 초월하지 않고 삶의 순간적 파악을 통해 그 대상에 개입해간다. 존재론적 결핍을 기억의 원리에 의해서 견디고 그것을 심화해가는 강인한의 예각성은 이 부분에서 단연 빛난다. 다음 시편들을 읽어보자.

어느 여름이었을까,
땀 뻘뻘 흘리며 잠을 자다 꿈을 꾸었지.

꿈속에서 길을 찾다 불타고 허물어진 마을 어귀에서
당신이 나를 부르는데 그 먼 꿈밖으로
나가는 길을 나는 찾지 못해
해 지도록 울며불며 헤매기만 하였네.

> 서른 살 풋내기 교사, 내 젊은 날은 꿈에 갇혀 못 나오고
> 꺼멓게 타고 남은 교실 층계 뒤로 돌아가며 멀리서
> 수업 시작 종소리는 울리기 시작하였지.
>
> 까마귀처럼 웃는 아이들 유리창마다
> 기웃기웃 어떡하나,
> 꿈밖으로 나가는 길을 나는 아직도 모르는데.

―「손금에 갇힌 새」 전문

여름밤 꿈속에서 '새'가 되어, 시인은 불타고 허물어진 마을 어귀에서 '당신'이 부르는 소리를 듣는다. 하지만 그 새는 멀고 먼 꿈 밖으로 나가는 길을 찾지 못해 울며 헤맬 뿐이었다. 그런데 그렇게 꿈의 기억에서 들리던 소리는 흡사 젊은 날의 "서른 살 풋내기 교사" 때 꺼멓게 타고 남은 교실 층계 뒤로 들던 수업 종소리를 환기해준다. "까마귀처럼 웃는 아이들 유리창마다/기웃기웃"하는 것을 교사로서 어떡하나 하던 기억 앞에서 여전히 시인은 "꿈 밖으로 나가는 길"을 알지 못한다고 고백한다. 그렇게 "손금에 갇힌 새"는 시인의 성장사成長史를 발화하는 분신이기도 하고, 여전히 "겹겹 두려움을 껴입은 어둠 속에서"(「스벵갈리 앞에 선 여인」) 살아가는 자신을 반성하는 분신이기도 하다.

이처럼 강인한의 시는 일견 회귀성으로, 일견 반성적

사유로 갈무리되어간다. 그 세계는 자신이 경험해온 순간들에 대한 의미론적 해석과 함께 그것을 자신의 삶과 등가적 원리로 결합하려는 은유적 속성을 곧잘 불러온다. 이렇게 강인한 시에서 사물과 주체의 긴밀한 조응 과정을 주체의 시선으로 수렴하고 해석하는 원리는 매우 중요하다. 따라서 주체의 시선으로 사물의 고유함을 발견해내고 그 힘으로 다시 자신의 삶을 성찰해가는 강인한 시의 원리는 포기되지 않을 것이다. 그 점, 강인한 시력詩歷 반세기를 웅변해주는 중요한 시적 원리가 아닐 수 없는데, 그러한 원리는 다음과 같은 집단 기억으로 확장되어가기도 한다.

> 찔레 덤불 아래 꽃뱀이 지나가자
> 참새 떼 화르르 깃을 털고
> 가문 하늘 두류산 놀빛에 재두루미 날아오는 곳,
> 사람 숨소리 하나 들리지 않는
> 적막 60년.
>
> 전란 3년 동안 남북 4백 50만 생목숨
> 이 땅에서 흙이 되었다.
> 슬픈 전설처럼
> 매지구름 비껴 흐르는 저기 비무장지대.
>
> 원통히 허리 잘린 우리 반도 아니라
> 동서로 나뉜 베를린처럼, 대동아전쟁의 일본 열도
> 니이가타에서 센다이까지 징벌의 삼팔선은
> 거기 있어야만 했는데…….

> 한라에서 백두까지 진달래 꽃걸음으로 오르는 길은
> 백두에서 한라까지 단풍치마 내려오는 길,
> 참게가 구멍 뚫는 임진 강둑에
> 녹슨 지뢰는 가물치처럼 지느러미가 돋는다.

—「녹슨 지뢰와 가물치」 전문

 시인의 기억은 "사람 숨소리 하나 들리지 않는/적막 60년"의 공간을 향하고 있다. "가문 하늘 두류산 놀빛"에 재두루미 날아오는 그곳은, 전쟁 때 수백만의 생목숨이 사라져간 이 땅의 "슬픈 전설"을 담고 있는 제유적 형상을 하고 있다. 시인은 "저기 비무장지대"를 바라보면서 어쩌면 이러한 형상이 "대동아전쟁의 일본 열도"에 "징벌의 삼팔선"처럼 있어야만 했다고 상상해본다. 하지만 시인의 역동적 상상력은 "한라에서 백두까지 진달래 꽃걸음으로 오르는 길"과 "백두에서 한라까지 단풍치마 내려오는 길"을 넘어 "참게가 구멍 뚫는 임진 강둑에/녹슨 지뢰는 가물치처럼 지느러미가 돋는" 그날을 열망하는 쪽으로 나아간다. 아니 어쩌면 그러한 시원始原의 형상을 탈환하려고 하는지도 모른다. 이처럼 시인은 "녹슨 지뢰"가 "가물치처럼 지느러미가" 돋아 마치 "거푸집의 몸에서 천년의 시간이 고스란히 빠져나간 다음"(「복원」)의 형상을 구성하는 순간을 열망해보는 것이다.

이렇듯 강인한 시에 나타난 기억들은, 지나가버린 과거를 딛고 있으면서도 동시에 그것을 현재화해가는 과정에서 완성되어간다. 그 존재론적 기억은 과거와 현재의 거리를 적절하게 확보해줌으로써 과거의 직접 체험을 현재의 것으로 전환시키는 구성적 계기가 되어준다. 그리고 그러한 기억의 존재론을 이번 시집은 단호하고도 결연한 형상 속에 담아내고 있다. 이 점, 매우 중요한 이번 시집의 성취일 것이다. 결국 이번 시집은 현실의 단호한 응시를 택하는 동시에 견고한 형상을 삶의 태도로 삼는 목소리를 줄곧 들려줌으로써, '보이지 않는 것'들에 대한 섬세한 반응까지 고요한 격렬함으로 구성해내고 있다. 그 안에서 미세하게 떨리는 사물의 존재론을 한없이 바라보는 시인의 시선이 깊고 깊다. 그래서 우리는 이제 그러한 시선이 하염없이 이월해가는 시편들을 읽어볼 차례와 맞닥뜨린다.

4.

최근 시단에서 가장 빈번하게 만날 수 있는 시적 현상은 자연으로의 맹목적 침잠과 동화, 사적私的 기억이나 미시적 감각으로의 현저한 경사라고 할 수 있을 것이다.

이러한 현상은 여전히 근대적 과제들이 산적한 우리의 정치적, 문화적 상황에서 볼 때 현실성(reality)을 결여한 불구적 형식이 아닐 수 없을 것이다. 왜냐하면 이러한 경향은 주체가 현실과의 치열한 응전을 택한 결과라기보다는 자연, 기억, 감각 등의 새로운 권역들을 적극적으로 시 안으로 끌어들이면서 현실을 일정하게 비껴간 결과이기 때문이다. 또한 이는 강렬한 '희망의 원리'를 꿈꾸었던 지난 시대에 대하여 뚜렷한 반反명제적 흐름을 보여주는 실례이기도 하다. 그러나 이러한 경향이 우리 시가 지향해가야 할 이념적 지표가 될 수 없음은 분명해 보이는데, 이러한 내성內省 편향이 삶의 전체적 차원을 모두 포괄할 수는 없겠기 때문이다. 따라서 우리는 개별성과 보편성을 통합하는 현실 지향의 시정신을 회복해야 한다는 요청과 불가피하게 맞닥뜨리게 되는데, 강인한의 시는 이러한 시사적 요청의 전면적 승인과 함께, 그 스스로 굴신屈身을 모르는 비타협의 정신적 표지를 힘있게 구축해간다는 점에서 주목할 만하다.

> 알게 모르게 평형수를 줄이고
> 귀신의 숟가락 귀신의 보따리만 챙기는 나라
> 태어나지 마라, 이런 나라에.
> 건강을 위하여 아암, 시민들의 상쾌한 건강을 위하여
> 담뱃값을 올리고

다이어트를 위하여 지나친 포식을 자제하기 위하여
친절하게 밥값을 올려주는 나라
태어나지 마라, 이런 나라에.

금수강산 배달민족 그런 말 지금도 사전에 있느냐.
금수처럼, 짐승처럼, 그래그래 치킨을
피자를 배달시켜 먹고 국물 많은, 짐승처럼
짬뽕을 배달시켜 먹는 우리는 배달의 민족이고말고.

금모래 은모래 반짝이는
이 강 저 강 파헤치는 배달민족
보를 쌓고 댐을 쌓아 홍수를 막았느니 재앙을 막았느니
녹조라테 넘실, 큰빗이끼벌레 너도 늠실,
저것도 먹으면 틀림없이 몸에 좋을껴
국립과학수사연구소에 가져가 연구해 보라고 해봐.

태어나지 마라, 이런 나라에.
골목골목 CCTV만 설치하면 근심걱정 그걸로 끝―
어두운 새벽 밤길에 잡은 처녀를 토막 내고
노파도 토막 내서 가방에 담고,
바다 속에 삼백 명을 눈앞에서 수장시키고도
그래도 그게 교통사고 사망자보담 적은 수 아니냐고.
떼죽음 생방송 텔레비전 중계방송을
팔짱 끼고 바라만 보고 바라만 보는 나라
태어나지 마라, 이런 나라에.

1박 2일로 숭례문이 불타고, 완벽하게 불탈 때까지 바라만 보고
  그때 진작 알아봤지, 아암 두 손 놓고 불구경에

넋을 놓아버렸을 때
이 나라 망해버린 것 진작 알아봤어야 했지.
망해버린 자궁에 더 이상 들어서지 마라,

삼신할미가 점지해준 아이들아.

— 「태어나지 않은 이름은 슬프다」 전문

　현실 해석과 판단과 비판의 정신이 풍자의 방법론을 수반하면서 펼쳐진 말의 난장亂場이 참으로 곡진하다. 시인은 후렴처럼 "태어나지 마라, 이런 나라에."를 반복하면서 '이런 나라'의 적폐와 모순을 하나 하나 격파해간다. '이런 나라'는 평형수를 줄이면서 속이거나, 거짓 명분으로 담뱃값과 밥값을 올리거나, "금모래 은모래 반짝이는/이 강 저 강 파헤치는" 폭력을 행사하는 장치권력에 의해 만들어진 것이다. 시인은 이른바 '4대강 사업'의 결과를 두고 "보를 쌓고 댐을 쌓아 홍수를 막았느니 재앙을 막았느니" 하는 거짓 명분을 들이대는 정부를 향한 날선 비판을 숨기지 않는다. 나아가 "바다 속에 삼백 명을 눈앞에서 수장시키고도/그래도 그게 교통사고 사망자보담 적은 수 아니냐고" 강변하는 이들에 대한 서글픈 비판도 내놓는다. 그 "떼죽음 생방송"을 팔짱 끼고 바라만 보는 나라는 여지없이 지금도 우리에게 '국가'란 무엇인가를 묻게끔 한다. "1박 2일로 숭례문이 불타고, 완벽하게 불탈 때" 이미 나라는 망해버린 것이라고, 그래서 "삼신할미가 점지해준 아이들"은 망해버린 자궁에 들어서지 말라고, 시인은 힘주어 권면한다. 이렇게 '태어나지 않은 이름'들을 향해 내지르는 시인의 목소리는 더없는 슬픔을 촉발하고, 과거 기억을 찾아가면서 진실을 구축하려는 시인의 의지는 더없는 단호함을 부여한다. 하지만 그것을 '이런 나라'에 대한 역설적 '희망'이라 부르면 안 될까?

물론 여기서 '희망'이란 시인이 본래적으로 견지하고 있는 삶에 대한 따뜻한 태도에서 우러나오는 것일 터이다. 가령 시인은 사회적 소수자나 주변부로 밀려난 타자들에 대한 깊은 사랑과 연민을 통해, 시대의 주류로부터 일정하게 원심력을 부여받은 존재자들을 한결같이 옹호해간다. 그런가 하면 자신의 기억에 남은 상처나 그리움의 표지를 열정적으로 기록해가면서, 단순한 휴머니즘이나 내면 탐구에 머물지 않고 우리로 하여금 따스한 희망의 가능성을 유추하게끔 하고 있다. 강인한 시편을 읽어나가는 중층적 기쁨이 바로 이러한 희망의 원리에서 생겨나는 것이다. 다음은 어떠한가?

    요르단 암만 공항에서 시내로 가는 길

늙은 가로수들 한결같이
쓰러질 듯 서쪽으로 기울었다.

북쪽 국경 너머는 시리아
신전 돌사자 깨부수고 인질의 목을 베는
검은 옷자락.

어쩌다 페트라 암벽에
뿌리박은 무화과나무는, 일 년 내내 부는 바람과
천년 물길의 붉은 얼룩을 보며 목이 타고

시리아를 떠나와
낯선 해변 모래톱에 얼굴을 묻은 아기
아일란 쿠르디는 세 살이라 했다.

—「기우는 바람」전문

 이 작품은 시리아 난민이었던 세 살배기 아이의 비극을 노래하고 있다. 시리아를 떠나 "낯선 해변 모래톱에 얼굴을 묻은 아기"인 "아일란 쿠르디"는 그야말로 곤히 잠든 것처럼 바다에 폭 안겨 있는 사진으로 전 세계를 경악하게 했다. 이러한 비극을 방관해오던 우리는 이 시편 앞에서 무엇을 말할 수 있을까, 하고 시인은 묻는다. "신전 돌사자 깨부수고 인질의 목을 베는/검은 옷자락"의 나라를 떠나왔지만, 난민들은 어디서도 '기우는 바람'

처럼 받아들여지지 않았다. 이러한 국제적 집단 기억에 참여하면서 강인한 시인은 "낙타가 없어도/내가 낙타가 되어서 가야 하지 않겠느냐."(「붉은 사막을 건너는 달」) 하고 재차 스스로에게 묻는다. "신화 속에서 끄집어낸 시간의 비늘들"(「리아스식 해안의 검은 겨울」)을 발가벗기며 인간의 잔혹성과 그에 반비례하는 희망의 원리를 탐색해가는 것이다.

이처럼 강인한 시인은 자신의 시를 통해 현실 탐색의 리얼리티를 회복해간다. 이때 우리는 실제 현실과 시적 현실이 일정하게 다르다는 점을 폭 넓게 승인하면서, 우리의 사유와 감각으로 파악 가능한 현실이 일정한 물질성과 구조적 복합성을 가지고 있음을 알게 된다. 보통 실제 현실은 어떤 특정한 사회적 모순으로 불거져 우리 삶의 불편한 징후로 작동하거나, 우리의 한눈에 파악하기 어려운 복잡한 얼굴을 하고 있을 때가 많다. 하지만 강인한의 시가 파악하고 형상화하는 현실은 어떤 구체적이고 역사적인 장면에서 유추되는 '시적 현실'이다. 이는 정치적 현실을 그대로 차용하지 않고 상징적 풍경으로 그것을 번역하고 간접화해간다. 그래서 잘 씌어진 강인한 시편에서 '현실'이란 보편적 인간 조건으로 화하면서도, 구체적 시대상을 암유暗喩하는 이중 효과를 띠게 된다. 그것은 보편적 공감의 여지를 커다랗게 가지면서, 한 시대의 분위기와 인간 조건에 대한 심미적 통찰을 보여주는 사례로 기록되고 있는 것이다. 우리는 그것을 일러 '기록하는 기억'이라고 말할 수 있을 것이다.

5.

우리는 우수한 서정시를 통해 그간 대립적으로 인지되어온 지표들이 해체되고 재구성되어가는 과정을 경험하곤 한다. 가령 그것은 한동안 대립적 의미를 가지고 있던 것들이 사실은 한 몸으로 결속되어 있는 것임을 통렬하게 증명해낸다. 그래서 우리는 선형적 도식이나 구도構圖가 차츰 소멸하면서 다양한 타자들이 한데 어울리는 풍경을 그 안에서 목도하게 된다. 가령 빛과 어둠, 삶과 죽음, 생성과 소멸, 진화와 퇴행 같은 것들이 선명한 대립적 개념이 아니라, 한 몸으로 묶여서 사물과 운동을 규율하는 양면 속성이라는 것을 알게 되는 것이다. 시를 통한 이러한 상상적 전회轉回는 감각의 창신과 인지의 충격을 선사하면서 우리로 하여금 새로운 세계에 발을 들여놓게 하는데, 강인한의 좋은 시편들이야말로 이러한 감각의 창신과 인지의 충격을 우리에게 암시해주는 뜻

깊은 실례라 할 것이다. 왜냐하면 그의 시 안에서 우리는 삶이라는 것이 분절적 질서에 의해 펼쳐지는 것이 아니라 대립적이기까지 한 것들이 복합적으로 얽힌 채 흘러가는 것이고, 서정시가 자기 충실성을 벗어나 타자들의 삶에 대한 관심까지 확장되는 것임을 경험하기 때문이다. 이러한 모든 면모를 귀납하여 씌어진 다음 시편은 이번 시집을 종합하는 절창이 아닐 수 없을 것이다.

> 물살 빠르게 휘도는 골짜기
> 맹골수로 저 아래에 모로 누운 거대한 여객선은
> 우리들의 성당이어요.
> 여기 따뜻한 슬픔의 휴게실은 우리들의 주소이고요.
> 머리카락에 붙은 부연 소문들
> 날마다 시린 무릎에는 퍼런 전기가 흐르지만
> 착하고 고운 지영 언니
> 당신이 세상에 존재하는 그게 얼마나 고마운지요.
> 거짓말을 감추려 또 거짓말을
> 입술에 검게 칠하고 늑대들과 사는 여자는 참 불쌍해요.
> 한라산에 철쭉은 어디만큼 왔나
> 나비 앞장 세워 찾아가는 길,
> 파이프 오르간 소리가 천천히 종탑의 층계를 오르는 동안
> 은빛 갈치 살같이 달려가는 그 골짜기로 봄이 오겠지요.
> 기다리던 답장이 오고, 하늘에서 별빛이 쏟아져
> 끝없이 소라고둥처럼 내려가는 단조의 층계
> 야자나무 잎사귀에서 호두나무 가지로 통통 건너가는
> 별 하나, 별 둘,

가만히 있어요, 가만히 있어요.
눈 감고 가만히 기다리는 다영이, 수찬이, 차웅이
손 내밀어 봐, 별 모양 귀여운 불가사릴 줄게.
오라고, 이리 오라고 손짓하는 볼우물 예쁜 최샘,
집게발 높이 들고 옆걸음 치는 꽃게들, 뽀글뽀글 피워 올리는
물방울 카네이션은 엄마한테 우리가 띄워 보내는 사랑이에요.
아, 우릴 부르는 저녁 종소리……
엄마 이제는 가서요, 울지 말고, 이제는 집에 가서요.

—「가라앉은 성당」 전문

'가라앉은 성당(La cathédrale engloutie)'은 드뷔시의 피아노 '전주곡집' 1집의 제10번이다. 바다 안개 속에서 살며시 울리는 성당 종소리로 시작되는 이 곡은, 바다 물결이 무언가를 힘있게 삼켜버리는 이미지를 담아가고 있다. 시인은 이러한 형상과 의미를 저 역사의 비극에 비유적으로 가져간다. "2014년 4월 16일/저기 저 눈앞에서 어처구니없이 침몰하는 세월"(「분노는 파도처럼」)을 향한 뛰어난 착상과 응용이 아닐 수 없다. 시인은 "물살 빠르게 휘도는 골짜기/맹골수로 저 아래에 모로 누운 거대한 여객선"을 "우리들의 성당"이라고 명명한다. 세상에 존재하는 것만으로도 고마운 "착하고 고운 지영 언니"와 거짓말을 감추려 또 거짓말을 하는 "늑대들과 사는 여자"의 뚜렷한 대조가 이 사건의 역사성을 상징적으로 부

각시켜준다. 시인의 생각에 "파이프 오르간 소리가 천천히 종탑의 층계를 오르는 동안" 아마도 봄이 오고 기다리던 답장이 오고 하늘에서 "빗발쳐 쏟아지는"(「폭탄을 두른 리본」) 별빛이 다가올 것이다. 그때 "물방울 카네이션은 엄마한테 우리가 띄워 보내는 사랑"이 되고도 남을 것이다. 시인이 궁극적으로 듣는 "우릴 부르는 저녁 종소리"는 "내가 당신의 안으로 들어가고/당신이 또한 내 안으로 들어오는 것,/그걸 사랑이라고 번역"(「테셀레이션」)해가는 기억의 힘을 선명한 심상으로 기록해준다.

여기서 우리는 강인한 시인이 평생 지향해온 '언어의 보석'이 무엇이었을까를 다시 한 번 생각해본다. 그것은 시대적 현실을 암시하면서 현실성을 강렬하고 핍진하게 드러내는 정신적 결기와 윤기를 함께 아우르는 것일 터이다. 또한 그것은 읽는 이들로 하여금 한 시대의 단면을 선명하게 이해시키는 데 유력한 방법이 되어주면서, 뭇 사물에 대한 섬세한 시선이 사회적 현상과 유추적 접점을 형성하며 진실의 실재를 강렬하게 시사해갈 수 있음을 알려준다. 이때 시인이 실천하는 서정의 원리는, 주체의 감정 표백이 아니라, 대상을 기록하면서도 그 안에 오랜 흔적으로 담긴 시간을 놓치지 않는 안목에서 발원하는 것이다. 그렇게 강인한 시편은 사실적 기록과 서사적 충전充電이 '충만한 현재형' 속에 잘 결합된 사례들을 다양하게 보여주면서, 정치적 직접성을 벗어나 현실의 풍부한 형상을 통해 인간의 존재 조건과 삶의 형식을 간접화하는 데 줄곧 기여한다. 또한 우리는 인간 존재의 근원적 조건을 암시하는 강인한 시의 풍부하고 복합적인 형상이, 우리 시대에 필요한 현실 감각에서 가능한 것이라고 말할 수 있다. '기록하는 기억'으로서의 서정, 그것이 강인한 시력 50년의 더없이 빛나는 미학적 모뉴멘트(monument)인 것이다.

강인한姜寅翰

1944년 전북 정읍에서 태어났다. 1967년〈조선일보〉신춘문예에 시가 당선되어 등단했다. 시집으로『이상기후』,『불꽃』,『전라도 시인』,『우리나라 날씨』,『칼레의 시민들』,『황홀한 물살』,『푸른 심연』,『입술』,『강변북로』와 시선집『어린 신에게』,『신들의 놀이터』가 있다. 전남문학상(1982), 한국시인협회상(2010)을 수상했다. 2002년에 개설한 인터넷 카페〈푸른 시의 방〉을 운영하고 있다.

E-mail : poemory@hanmail.net

한국의 서정시 100
튤립이 보내온 것들

지은이 | 강인한
펴낸이 | AHN JANE LEE
펴낸곳 | 도서출판 시와시학
1판 1쇄 | 2017년 3월 15일
출판등록 | 2016년 4월 11일
등록번호 | 제300-2016호
주소 | 서울시 종로구 혜화로 3가길 4(명륜1가)
전화 | 02-744-0110
FAX | 02-3672-2674
값 9,000원

ISBN 979-11-87451-12-9 03810

* 저자와의 협의에 의해 인지를 생략합니다.
* 잘못된 책은 바꾸어 드립니다.